# Chronique japonaise

**Voyageurs Payot**
Sous la direction de
Michel Le Bris

Redmond O'Hanlon, *Au cœur de Bornéo.*

Colin Thubron, *Les Russes.*

Ella Maillart, *La voie cruelle.*

Eric Newby, *Un petit tour dans l'Hindou Kouch.*

Ella Maillart, *Oasis interdites* (à paraître).

Gavin Young, *C'est encore loin, la Chine ?* (à paraître).

Nicolas Bouvier, *Journal d'Aran* (à paraître)

Voyageurs Payot

# Nicolas Bouvier
# Chronique japonaise

*..Quand ce qui se passe sous nos yeux*
*même donne lieu aux*
*rumeurs les plus trompeuses, à plus forte*
*raison en est-il ainsi*
*dans le cas d'un pays situé par-delà huit*
*épaisseurs de nuées blanches.*

Ueda Akinari
(1732-1809)

*Somnolant sur mon bourrin*
*Rêvasseries*
*La Lune au loin*
*Fumée du thé*

Basho
(XVIIe siècle)

# I

## LE CAHIER GRIS

*Kyoto, le 24 février 1964.*
*En cherchant un logis*

VISITÉ en fin d'après-midi une ancienne maison seigneuriale, funèbre et belle, perdue dans le sud-est de la ville au-delà d'Uji. Vieux couple de patriciens désargentés qui louent une aile de leur immense demeure. Lui : squelette distingué, un veston de tweed usé passé sur une camisole de flanelle grise qui ressemble à un bourgeron de forçat. Elle, presque aussi décharnée, les yeux enfoncés et fiévreux, le visage comme un chiffon de papier de soie engoncé dans l'encolure d'un kimono sévère et somptueux. Nous sommes assis en tailleur au centre d'une pièce glaciale autour d'un brasero où un peu de thé amer infuse sur trois tisons. Au-delà des portes à glissières, un petit étang et un jardin engourdi où pas une feuille ne traîne. On ne sait s'il pleut ou s'il neige, ce qu'on sait c'est que le printemps n'est pas pour demain. La pierre, la mousse, le bois, la patine des nattes lustrées par les chaussons qui réflètent le ciel d'hiver — « J'aime entendre le bruit d'un enfant dans la maison », dit le vieillard, rompant un long silence auquel il retourne aussitôt tandis que les deux femmes — il y a aussi là une intendante ou une bru fort digne et fort ingrate — s'inclinent lentement. Impression d'être en visite chez des trépassés, chez des noyés remontés tout exprès du fond de la mer. Depuis que nous sommes ici, l'agent immobilier qui nous a amenés s'agite, s'ébroue, fait notre éloge alors qu'il nous connaît d'une heure à peine, vante cette maison impratique et spectrale, met du liant là où le liant n'a que faire et aspire bruyamment l'air entre ses dents serties d'or. Personne ne l'écoute et personne ne s'en soucie. Comme ces gens sobrement aimables et parfaitement composés doivent ressentir d'avoir à passer, pour cette tractation, par cette espèce de verrat !

...Le froid, le poids du froid, son importance dans la vie ici : il entre du grelottement dans la musique japonaise, quant aux arbres ! ces branchures tordues, anguleuses, comme s'ils avaient des crampes, comme si le froid s'en était mêlé. Et toutes ces attitudes du corps qui frappent dans le théâtre ou dans l'estampe : gestes étriqués, ramenés à soi, qui ont pour seul but d'empêcher la chaleur du corps de s'enfuir...

Le taxi qui devait nous attendre a disparu. En remontant la ruelle j'ai retrouvé le chauffeur assoupi dans une petite épicerie entre les jarres de choux aigres et de navets en saumure qui fumaient dans la nuit tombante.

Retour vers Kyoto par une route que j'avais faite à pied voilà huit ans. En six ou sept semaines de marche j'étais descendu de Tokyo jusqu'ici en suivant les étapes de l'ancienne route impériale qui aujourd'hui passe pratiquement par les champs. Nuits passées sous l'auvent de petits temples à la campagne, hameaux et rizières solitaires de la péninsule de Ki : j'arrivais aux faubourgs de la vieille capitale en chemineau émerveillé. C'est ainsi qu'il convient d'aborder une ville qui compte six cents temples et treize siècles d'histoire. Je m'en souviens comme d'hier : chaude pluie de juin, de hautes frondaisons vert pâle bougeaient contre un ciel lumineux et gris. Ces mêmes arbres aujourd'hui dessinés par la neige. Dans l'intervalle qui sépare ces deux trajets j'ai l'impression d'avoir été d'une certaine façon absent de ma vie. Je suis curieux de voir qui du pays ou de moi aura le plus changé.

*Première partie*

# La lanterne magique

# II

## Année zéro

Chacun aujourd'hui saurait, les yeux fermés, vous pointer l'archipel japonais sur une carte. Ce qu'on sait moins, c'est comment il est venu occuper sa place, ni d'où — au juste — sont tombés les Japonais.

Du ciel, directement.

C'est en tout cas ce qu'assurent le *Kojiki* (Recueil de choses anciennes) et le *Nihongi* (Chroniques japonaises), où les anciens mythes nationaux furent réunis par ordre impérial au début du VIIIe siècle de notre ère, et qui constituent l'essentiel des Livres sacrés du culte shinto.

La façon dont un peuple s'explique son existence en apprend parfois aussi long que celle dont il la vit. Voilà donc, en taillant à grands coups dans cette cosmogonie bizarre, fraîche et décousue, comment les Japonais s'y sont pris pour descendre sur terre, et quelle est la première histoire qu'ils se soient racontée.

Au début de cette Genèse, il n'y a pas le « Verbe », mais une nappe de limon qui flotte béatement dans l'obscurité. Le subtil et le lourd se séparent pour former un Haut et un Bas. Dans ce Haut rôdent une succession d'Esprits divins *(Kami)*, orphelins et sans postérité. Ils ne font rigoureusement rien, car leur action n'aurait pas encore de support.

Dans le Bas, tout est liquide. On ne peut prendre pied nulle part jusqu'au jour où deux *Kami* de ce premier âge s'avisent de baratter avec la pointe d'une lance l'océan de limon. Ils sont frère et sœur. Ce sont les créateurs du Japon et tous les enfants des écoles connaissent leur nom : *Izanagi* (celui qui invite) et *Izanami* (celle qui invite). La mer barattée s'épaissit et un grumeau tombé de leur lance forme le premier îlot de la mer Intérieure. Le frère et la sœur s'y posent, ils s'examinent, elle se fait provocante, et ma foi… ils *s'invitent*. Dans une « auguste union, ils joignent leurs augustes parties » et engendrent trois avortons, car il n'était pas séant que la femme fît ainsi les avances. (En toutes choses, le mâle au Japon est un peu plus lent.) Ils s'y reprennent comme il faut, assistés par une bergeronnette qui, de sa queue, leur bat gracieusement la mesure, et cette fois la sœur-épouse accouche des huit îles du Japon. (Voilà déjà huit divinités incarnées, l'accouplement inauguré sans tourment, remords ou vergogne, et la femme installée en retrait dans cette feinte soumission qui lui a, depuis, permis de tirer si commodément les ficelles. Quant à cet oiseau-métronome, il vaut bien — je trouve — notre serpent.)

Après avoir engendré une nombreuse postérité divine, la déesse donne le jour au *Kami* du Feu, qui la brûle si bien qu'elle en meurt. Son époux-frère en pleurs va la rechercher au séjour des ombres. Comme à Orphée, on lui promet qu'elle le suivra, à condition qu'il ne se retourne pas ; mais il s'impatiente et la regarde : c'est une charogne impure dont chaque organe abrite un Esprit malfaisant. Furieuse d'être surprise dans cet état, Izanami lance aux trousses de son frère-époux tout ce que ce monde souterrain compte de harpies. Il leur échappe, les disperse en leur lançant des pêches — qui portent pour cela bonheur — et finalement, hors d'haleine, pousse un rocher devant la sortie des Enfers. Par-dessus cet obstacle, la voix haineuse de sa sœur lui parvient :

— Mon joli frère aîné, puisque c'est ainsi, j'étranglerai chaque jour mille parmi ceux que tu fais naître.

— Puisque c'est ainsi, ma sœur, chaque jour j'en ferai naître mille cinq cents. (Prenez un dimanche de mai le métro à Tokyo et vous verrez qu'il a tenu parole.) Alors, pour lui montrer ce que parler veut dire, il crache et engendre le *Kami* du Crachat.

Puis il va sans perdre de temps se purifier dans un ruisseau des pollutions de l'Enfer. Chacun des vêtements dont il se dépouille devient un *Kami* et ses lustrations en engendrent d'autres : *Suzano wo* (le Mâle impétueux) sort de son nez, de son œil droit la déesse de la Lune, et du gauche (en Chine et au Japon, la gauche l'emporte sur la droite) Amaterasu O-mi Kami, déesse de la Lumière, ancêtre du clan impérial et figure la plus vénérée de l'immense panthéon shinto.

Alors, pour la première fois, le soleil se lève sur un Japon où les grandes lois de la vie (on naît, on meurt, on s'accroît tout de même) ont déjà reçu leur justification.

Les *Kami* célestes chargent Suzano wo l'Impétueux de gouverner la Terre où, à la consternation générale, il se conduit bientôt en trouble-fête, en bandit, en voyou. Il démolit les digues des *Kami* rizículteurs, fait paître ses chevaux dans les rizières, ravage les champs et déclenche même un déluge au cours duquel tout ce qui n'est pas solidement accroché à l'éternité périt. Mécontent d'être exilé dans le Bas, il va souiller de ses excréments le palais de sa sœur, y jette le cadavre d'un poulain écorché, sème le trouble et se rend odieux de cent façons. Le but de tous ces excès dont le récit remplirait des pages est probablement d'attirer sur son royaume terrestre une attention que le Ciel ne lui accorde pas. Ce conflit est donc nécessaire, et les outrances du dieu aussi. Les nombreux temples où on l'honore encore aujourd'hui prouvent bien qu'on ne lui en veut plus. Plutôt qu'un Esprit carrément mauvais, c'est l'expression des énergies élémentaires du sol, l'avocat vociférant d'une nature encore brute où « même les rochers, les arbres et les herbes s'adonnent à la violence », d'un monde enfant qui a besoin de toutes les forces célestes pour trouver son équilibre et sa forme. Mais il va trop loin, et Amaterasu, offensée par ses provocations, se retire dans une caverne, plongeant la Création dans la nuit et les *Kami* célestes dans la perplexité.

On se rassemble devant la caverne. On se consulte interminablement sur la conduite à tenir pour faire ressortir la déesse. Le récit de ce conciliabule est d'un comique involontaire car on y perçoit — avant la lettre — l'horreur qu'ont les Japonais de l'imprévu et des décisions qu'il exige. Ces *Kami* sont les maîtres rustiques d'un univers encore jeune. S'ils sont toujours prêts à incarner avec ivresse, qui une constellation, qui une montagne, qui le tonnerre, on sent bien que la spéculation et la stratégie ne sont pas leur fort. Ils s'en remettent au *Kami* de la Pensée du soin d'élaborer un plan : il en propose un qui, malgré les talents qu'on lui prête, paraît fâcheusement confus. Il faut réunir l'accord de tout le monde, ménager les susceptibilités, vaincre des hésitations. Au Japon — fût-ce au ciel —, une affaire de ce genre n'est jamais mise aisément sur pied. Finalement, suivant les conseils de l'expert, les *Kami* célestes fabriquent un miroir, se livrent à la divination sur l'omoplate d'un cerf, garnissent les arbres de présents réparateurs. On fait chanter tous les oiseaux au même instant pour faire croire à l'offensée qu'un autre Soleil s'est levé et piquer sa jalousie. Mais tous leurs subterfuges échouent et la caverne demeure obstinément fermée.

En dernier acte, la déesse du Rire exécute une danse sacrée devant les *Kami* réunis ; bientôt possédée par son rythme, elle se trousse comme une bacchante, s'exhibe généreusement, et un gigantesque éclat de rire poussé par les spectateurs fait sortir Amaterasu intriguée de sa retraite. Son frère mis à l'amende est renvoyé sur terre et la création se poursuit dans la lumière retrouvée.

Germination partout. Dans le monde des *Kami* tout naît de tout, rien n'est ignoble. Tout ce qui appartient à une divinité, souffle, sang, salive, excréments, peut en engendrer d'autres qui investissent peu à peu le monde matériel et le purgent de ses humeurs. Ils sont des myriades, célestes ou terrestres. Illustres ou modestes. Puissants ou subalternes, titulaires *in partibus* d'un volcan ou d'un buisson. Certains solidement accrochés dans la mythologie, d'autres qui, après avoir rendu quelque menu service, se volatilisent en fumée.

C'est qu'il en faut suffisamment pour animer les choses utiles ou comestibles (*Kami* du Peigne, de la Gourde, de la Palourde ou du Riz), sanctifier chaque force naturelle, imprégner chaque pouce, chaque souche, chaque torrent du sol japonais, pour fournir un patron divin à chaque corps de métier (*Kami* des Distillateurs et même des Espions !), aux clans des humains à venir, et pour neutraliser les forces maléfiques qui montent d'une matière encore turbulente et « grouillant comme des mouches à la Lune de mai ».

Pour bien assurer l'ordre, la déesse Amaterasu envoie son petit-fils Ninigi, muni d'un sabre, d'un joyau et d'un miroir magique, prendre en main les affaires terrestres. Descendu dans l'île de Kyushu, le jeune prince y rencontre un Esprit montagnard qui lui offre son aide et la main de sa fille aînée : c'est un Esprit hivernal repoussant, mais qui peut conférer l'immortalité. Il laisse échapper l'occasion, choisit pour sa beauté la sœur cadette et gagne de la sorte son droit à mourir. (Ainsi le Ciel a-t-il rejoint la Terre, et voilà pourquoi les souverains du Japon, malgré leur ascendance illustre, meurent tout comme leurs sujets.)

Deux générations plus tard, Jimmu Tenno, le premier empereur de la lignée humaine, achève la conquête du Yamato et fonde l'Etat japonais. Très exactement (plutôt : très mythologiquement) le 11 février de l'an 660 avant notre ère.

Pendant longtemps, les Japonais, honnêtement convaincus de l'excellence et de l'unicité de leur nature divine, ne pourront considérer ceux qui viennent du dehors que comme « diables étrangers ». Pendant longtemps, la réaction naturelle de l'étranger sera de ridiculiser ce pot-pourri de légendes nationales tenues pour incongrues, enfantines, absurdes ou indécentes. Au XVIIIe siècle, le voyageur allemand Kaempfer, s'étant renseigné du mieux qu'il pouvait sur les origines nationales, conclut « ...qu'en bref le système tout entier des dieux du Shinto est un tissu si ridicule de fables monstrueuses et inacceptables que ceux-là même dont l'affaire est de les étudier ont vergogne de révéler ces inepties à leurs propres sectateurs et encore bien plus aux bouddhistes ou aux membres de quelque autre religion ». Et je vous devine bien près de lui donner raison.

Question d'habitude et de latitude. Après tout, un Homme-Dieu né d'une Vierge dans une étable, réchauffé par un âne et un bœuf, et cloué sur deux poutres entre deux voleurs par la volonté d'un Père miséricordieux... Mettez-vous à la place du premier Japonais qui a entendu cette histoire pour nous si familière !

Kaempfer ajoute que dans cette mythologie il ne trouve « rien qui puisse satisfaire les questions des curieux relatives à l'essence et à la nature des dieux... » Peu de logique et pas de tragique, il est vrai. Mais il en oublie :

— Pas de péché : des pollutions, et des purifications pour s'en défaire.

— Pas de mortification : du « nettoyage », car il s'agit de refléter comme un miroir clair l'heureuse organisation des choses.

— Pas d'éthique ni de morale puisque l'origine « divine » des Japonais leur dicte tout naturellement la conduite à tenir, mais des cérémonies, des rites et des prescriptions.

— Pas de doctrine ni de « preuves raisonnables », mais des litanies où l'on énumère en même temps les dieux et les choses dont ils vous assurent la jouissance :

*Auguste Kami des Carrefours*
*Kami de la Montagne métallifère*
*de l'Argile*
*de la Main droite*
*de la Source thermale*
*de la Pousse de riz*

etc., psalmodiées chaque jour dans les sanctuaires et qui vous donnent l'impression d'entendre un homme modérément riche (pays frugal, le Japon) compter et recompter, dans l'émerveillement et la gratitude, ses quelques écus.

— Pas de *De Profundis*, car, lorsqu'une présence favorable vous écoute du fond d'un tronc ou d'un rocher, on songe d'abord à la remercier d'être là, ensuite à lui demander au passage un petit quelque chose.

— Pas de châtiment, ni de Passion, ni d'angoisse, ni d'Enfer, ni d'autres serviteurs du mal qu'une poignée d'Esprits vagabonds et sans lustre qu'on apaise avec une prière et quelques boules de riz.

Etrange religion en vérité !

Alors, que reste-t-il pour « satisfaire aux questions des curieux » ? Il reste le récit mouvementé de cet accord lentement négocié entre un Ciel bienveillant et sa postérité terrestre, et la filiation impériale ininterrompue qui en témoigne. Mais surtout, une gratitude obscure et fervente qui ne s'exprime pas en dogmes mais se danse presque journellement dans les sanctuaires shinto au son du tambour, de la flûte, du *koto* (une harpe posée à plat) et du petit orgue à bouche. C'est une musique bizarre et lente qui paraît tirée de la terre, du noir des racines, des troncs, et à côté de laquelle n'importe quel Requiem occidental (polyphoniquement bien supérieur) prend un air fabriqué et mondain. Pas très variée ni harmonieuse peut-être pour nos oreilles faites à des sauces plus riches, mais d'un pouvoir si évident qu'au bout d'un moment on se retourne tout de même pour s'assurer que les arbres sous lesquels on était assis ne sont pas en train de prendre à la file indienne le chemin du Grand Temple d'Amaterasu en Isé.

De ces origines lointaines jusqu'à la défaite de 1945, la dignité et la personne impériale connaîtront bien des vicissitudes, mais la doctrine officielle ne cessera jamais de maintenir que « Sa Gracieuse Majesté impériale descend de la déesse Amaterasu dont les vertus, etc. », et que le peuple japonais est d'essence divine. Dans l'intervalle, toutes les influences du dehors qui atteindront le pays y trouveront un ciel, un sol et une mentalité imprégnés par ces *Kami* omniprésents, rustiques et bonasses, avec lesquels il faut tout partager.

# III

## L'ILE DES WA

LE 11 février de l'an 660 avant le Christ. *Kigen-Setsu*, la fête des Origines, la fondation de l'Etat par un empereur d'ascendance divine est une vérité religieuse et, comme telle, elle se suffit. Alors, pourquoi cette date d'une précision un peu pédante et que rien ne vient supporter ? Rapportons-nous-en aux Chinois qui sont, dans cette partie du monde et à cette époque, les seuls à tenir leurs livres à jour.

C'est par les chroniques des dynasties Han puis Woueï que la postérité d'Amaterasu passe de la mythologie à l'histoire. Les témoignages sont d'ailleurs rares, parce que la Chine, à l'abri de sa Grande Muraille qu'elle vient d'achever, est plutôt tournée vers ses immenses espaces intérieurs.

En outre, la mer qui la sépare du Japon est une des plus mauvaises d'Asie, et les Chinois ne sont pas très navigateurs... mais tellement curieux et marchands ! Au IIe siècle avant notre ère, risquant le tout pour le tout, ils passent l'eau et débarquent en Kyushu pour voir s'il n'y aurait pas moyen de vendre, acheter, échanger un petit quelque chose. Ils appellent le pays l'« île des Wo » ou des « Wa » (qui pourrait alors se lire : nains), et constatent qu'elle se divise en une quantité de petits royaumes souvent aux mains de « reines prêtresses » qui exercent leur autorité par la magie et la divination et dont certaines se reconnaissent vassales des Han.

Pas trace des « Augustes Evénements » qui, selon la mythohistoire japonaise, auraient bouleversé le pays plusieurs siècles auparavant. Ni d'un pouvoir unifié, encore moins d'un souverain absolu. Auraient-ils eu vent d'un « Pays des Dieux » et d'un « Empereur divin » qu'ils n'auraient pas manqué de relever cette prétention comme comique, car pour eux il n'existe évidemment qu'un Empire céleste : la Chine, et qu'un Fils du Ciel : l'empereur Han, à la bienveillance duquel les Cinq Mers et les Quatre Directions sont soumises par la volonté du Ciel. Nul ne sait quel profit ils retirent du voyage, mais bientôt les Wa, qui sont bons marins, leur rendent la politesse en se livrant au pillage et au troc sur la côte de Corée. En 57 de notre ère, ils envoient une véritable ambassade à la Chine, premier jalon précis d'une longue série d'échanges qui permettent aux Chinois de consigner les observations suivantes :

*Les émissaires des Wa ont des flèches dont la pointe est en os, ils portent d'amples tuniques tirées de l'écorce du mûrier dont la raideur et l'empois ont beaucoup d'allure. Leur maintien est farouche et fier, sauf lorsqu'ils s'enivrent à l'alcool de riz, chose à laquelle ils semblent enclins.*

Et, plus tard : *Les Wa ont une impératrice vierge et sorcière qui vit barricadée au milieu de ses servantes sans qu'aucun homme puisse l'approcher. A sa mort, cent mâles la suivent dans sa tombe. Ils tirent des oracles en exposant au feu l'omoplate d'un cerf* — une pratique répandue dans toute l'Asie centrale — *et leurs devins sont sales et chevelus. Les marins Wa se tatouent le corps pour effrayer les monstres marins lorsqu'ils plongent aux coquillages.*

*On regrette d'avoir à signaler que, chez les Wa, les défunts n'ont qu'une épaisseur à leur cercueil et que le rituel funéraire est expédié vivement.* (Evidemment, les soins et les attentions dont les Chinois entourent la dépouille de leurs morts seraient inconcevables pour les shintoïstes à cause des pollutions qui en résulteraient.)

Plus tard encore, au Ve siècle : *Ils connaissent la sériciculture et la riziculture, mais n'ont presque pas de buffles. Leur longévité. De nouveau leur ivrognerie. Et de nouveau le grand style de leurs costumes, comme si, de la part d'un peuple que les Chinois considèrent comme des tributaires sans beaucoup de civilité, un goût si sûr les avait tracassés.* C'est la première mention du sens artistique d'un peuple qui sera le plus esthétisant du monde.

En l'an 478, une missive dans un chinois bien tourné est adressée à la Cour de Chine par le « roi du Yamato, protecteur de la Corée ». C'est le premier texte d'origine japonaise conservé par l'histoire.

Dans l'intervalle, les Wa ont fait du chemin. La fondation de l'Etat par l'empereur Jimmu correspond probablement à la conquête du Yamato par un des clans les plus puissants du Kyushu, au tout début de notre ère. Historiens occidentaux et japonais (shintoïste exceptés) s'entendent à peu près là-dessus. L'unification se poursuit. Les rezzous sur les trois royaumes de Corée ont fait place à une sorte de protectorat sur l'un de ces Etats, et cette situation permet aux Japonais de tirer de leurs protégés sinisés toutes sortes de lumières. Entre le IVe et le VIe siècle, les rapports sont étroits, et les convois coréens qui font le voyage du Japon chargés d'artisans — sériciculteurs, distillateurs, forgerons, tisserands, tanneurs, céramistes —, de lettrés et de livres ont tout le caractère d'une « assistance technique ». Entre autres présents de valeur : l'écriture chinoise, les premiers traités de Confucius et le bouddhisme, que nous retrouverons plus loin. On signale comme un événement l'arrivée d'une couturière.

De ces trésors, les Japonais ne gaspillent pas une miette. Ils ne perdent pas de temps non plus. Une fois le branle donné, le Japon va fournir les premières preuves de son prodigieux pouvoir assimilateur et aller vite en besogne. La chancellerie impériale pioche les idéogrammes et cherche à mettre à profit les conceptions chinoises de la société et du pouvoir pour mieux asseoir son autorité.

Quand, en l'an 607, l'excellent empereur Shotoku-Taïshi (dont on retrouve aujourd'hui l'effigie et les cheveux en coques autour du visage sur chaque billet de mille yens) envoie une ambassade solennelle à la Cour de Chine, il a quelques raisons d'être content de lui : c'est un lettré sérieux, un bouddhiste fervent, un administrateur vertueux et populaire, et le souverain incontesté d'un pays qui manifeste déjà son génie architectural en édifiant près de Nara l'admirable temple du Horyu-ji. La lettre qu'il fait porter à l'empereur Yang-Ti est adressée « De l'empereur du Soleil-Levant à l'empereur du Soleil-Couchant ». Son destinataire est dans les meilleures dispositions mais, tout de même, ses yeux s'arrondissent : c'est la première fois qu'un Etat voisin le traite ainsi d'égal à égal. Il faut tout le talent de l'ambassadeur japonais pour arranger les choses : en bon sinisant qu'il est, il sait bien que son pays a emprunté cette titulature à la Chine, et sans demander la « patente ». Après quelques tergiversations, l'empereur Yang-Ti le renvoie chargé de présents et porteur d'une lettre amicale où les choses sont remises à leur place. Ce message, l'ambassadeur juge préférable de le perdre en mer — contre toute vraisemblance —, et son maître, qui devine bien pourquoi, ne lui en tient pas rigueur. Et d'ailleurs il est inconcevable de se brouiller avec cette Chine qui va aborder l'époque T'ang, l'empire le plus brillant et le mieux organisé que le monde ait jamais connu.

Quelques années plus tard, les Japonais envoient une autre ambassade de huit lettrés, choisis avec un soin extrême pour leur caractère, leur zèle à l'étude... et surtout leur vertu, car la mer est mauvaise et on a cette idée très belle qu'un vaisseau chargé de « justes » a de meilleures chances d'arriver à bon port. On rêve aux contacts que l'Europe aurait pu établir avec l'Ancien et le Nouveau Monde si les navigateurs du XVI^e^ siècle avaient été choisis ainsi. Il est vrai qu'ils ne s'en allaient pas pour apprendre, mais pour piller.

Les premières généalogies impériales ont été établies au V^e^ siècle. On s'explique mieux maintenant pourquoi leurs rédacteurs ont reculé dans la nuit des temps les débuts de leur dynastie. Ils ont rempli des vides en accordant aux successeurs de l'empereur Jimmu une longévité de patriarche hébreu et en ajoutant ici ou là un souverain « intercalaire » dont le règne est en blanc. Peut-être par un besoin bien naturel d'adoucir le passage d'une « Auguste Eternité » à nos vies si docilement soumises à un signe de la variole ou à la prochaine tuile qu'un vent — divin — arrache au toit d'un temple. Mais c'est plus probablement pour ne pas avoir à rougir devant son aînée, la Chine, que cette culture, plus jeune que la nôtre, s'est octroyé quelques siècles de plus.

Une nation qui compte ses générations jusqu'au chaos originel ne peut admettre d'avoir été devancée.

## IV

### « MA LOI SE RÉPANDRA VERS L'ORIENT... »
(Parole du Bouddha)

L'AN 557 avant notre ère, le Bouddha Çakya-Muni naît, fils de roi, dans une petite cour du Népal, et sidère les sages-femmes qui le délivrent en leur donnant déjà les conseils les plus pertinents.

Après des années de méditation, il s'aperçoit dans un éclair que ce monde n'est qu'une illusion à laquelle nos appétits nous enchaînent et enseigne « Huit Moyens » pour s'en détacher, échapper au cycle des renaissances, et aller reposer dans la paix du *Nirvana* (le lieu où rien ne souffle plus). Ayant prêché le respect de toute vie, laissé des sermons *(sutra)* et formé des disciples, il meurt, et toute la création, désolée, plantes, insectes, hommes et animaux, s'assemble pour veiller sa dépouille. Sauf le chat, qui a préféré ce jour-là « aller à ses affaires », et s'est ainsi taillé, dans toute l'Asie bouddhiste, une réputation de vaurien qui dure encore. Mille ans plus tard, ou presque, en l'année 552 de notre ère, l'empereur du Japon Kimei déballe dans son palais d'Asuka (au sud de Nara) les présents que son voisin, le roi de Corée, vient de lui faire parvenir.

Parmi les pièces de soie, il trouve plusieurs rouleaux des Ecritures bouddhiques, puis il démaillote une statue de bronze doré qui est celle du Bouddha. Il l'examine, « bondit de joie (selon le *Nihongi*) et assure que l'expression de ce Bouddha... est d'une dignité grave telle que Nous n'en avons encore jamais vue ».

Par cette seule remarque, qui va si candidement à l'essentiel, l'empereur Kimeï prouve que le Japon du VIe siècle mérite bien le cadeau qui lui est fait.

Entre ces deux événements, le bouddhisme a fait du chemin. Chassé de l'Inde au bout de quelques siècles, il atteint l'Asie centrale par le Tibet ou par l'Afghanistan et s'enrichit au passage d'influences hellénistiques, mazdéennes, tantriques, chinoises et — qui sait — chrétiennes nestoriennes.

En 64 de notre ère, l'empereur Han se convertit.

Au IVe siècle, c'est le tour de la Corée. Puis, au bout du voyage, la « Bonne Loi » atteint le pays extrême, le Japon.

Enrichi de toutes les alluvions ramassées en cours de route, le bouddhisme est alors devenu une doctrine multiforme, d'une complexité et d'une richesse inconcevable, allant de la piété la plus fruste aux spéculations métaphysiques les plus vertigineuses. Tous les aspects de la spiritualité asiatique y sont, par un coin ou par un autre, représentés.

A ses présents, le roi coréen a joint une lettre qui dit en substance : « De toutes les doctrines connues, celles-ci est évidemment la meilleure. Les mérites qu'elle vous acquiert sont sans limites, et il n'est pas de désirs qu'elle laisse insatisfaits. » Mais il ajoute que « c'est aussi la plus difficile à concevoir, que Confucius et le "duc de Tchou" (un Salomon chinois) eux-mêmes n'y auraient probablement entendu goutte, et que cependant toutes les nations d'Asie s'y rallient ».

L'empereur Kimeï est joyeux mais perplexe : surpasser en sagesse le fameux « duc de Tchou », cela vaut qu'on s'y arrête, et une doctrine à ce point difficile ne peut être que bien remarquable... mais ce nouveau dieu, faut-il vraiment l'honorer ? Pour sa part, il s'abstient de trancher. Et ses conseillers sont partagés : les grands prêtres du Shinto, qui tiennent à leur monopole, le menacent de la vengeance des *Kami* ; et leurs ennemis — le clan des Soga —, qui voient déjà dans ce morceau de cuivre un moyen d'affaiblir leurs rivaux shintoïstes, lui conseillent de faire comme en Chine, de « marcher avec son temps ». Querelles d'ambitions.

Finalement, l'empereur Kimeï transige, confie la statue aux Soga et les charge de lui rendre un culte en particulier. Ils édifient un petit temple, font venir un bonze de Corée... sur quoi une peste éclate. Le clan du Shinto triomphe, et, pour faire cesser l'épidémie, on jette la statue dans un canal puant où, paraît-il, elle refuse de s'enfoncer.

Vingt ans plus tard : second arrivage d'images saintes, de textes et de bonzes. Les Soga, qui n'ont pas renoncé à user du bouddhisme pour s'installer au pouvoir, reconstruisent le temple, et on a à peine eu le temps d'y installer trois jeunes nonnes pour le service des idoles qu'une seconde épidémie éclate. Le temple est rasé jusqu'aux fondations, les statues prennent un second bain et les nonnes, dévêtues, sont flagellées publiquement.

Puis les Soga défont leurs ennemis. L'empereur, qui

les gêne, est *abattu comme un bœuf.* Ils prennent le pouvoir, élèvent un temple pour avoir été si bien secondés dans leurs forfaits, et le bouddhisme reçoit — paradoxalement — ses lettres patentes d'une famille de coquins. Mais cela n'est qu'un épisode.

La Bonne Loi est installée. Le greffon a bien pris, et le prince Shotoku, qu'une légende fait naître — comme le Christ ou presque — sur la paille d'une écurie, le jardine avec soin. A l'encre d'or sur papier noir semé d'argent, il copie des *sutra* et fait venir par bateaux entiers livres et statues de Corée. Un siècle plus tard, Nara est en chantier. On n'y voit que bonzes et charpentiers. D'immenses poutres de bois de cryptomère se balancent dans le ciel, et la récitation de la Loi rythme le travail des couvreurs. Pour les plans, on a suivi à une toise près l'échelle chinoise, et le gigantisme des constructions déborde un peu les dimensions du site. Sur la nouvelle capitale, des hectares de tuiles vernissées étincellent au soleil. Les toits des temples sont plus vastes que la rizière et les paysans émerveillés les mesurent en journées de travail. Leurs solives sont formidables et la résidence impériale fait, à côté, figure de pavillon.

Six sectes sont déjà nées de l'interprétation des Ecritures et leurs abbés portent, les jours de cérémonies, des tuniques framboise, safran, pistache ou violettes, qui font dans le gris-brun-vert du paysage japonais un effet admirable.

Parce qu'il est « lettré », le bouddhisme est maintenant le fourrier de tout ce qui provient de Corée ou de Chine. Les bonzes ont la main à tout : chancellerie impériale, astrologie, médecine, divination, poésie et machinations politiques. Ils sont exempts d'impôts, et redoutés, car les *mantra* (formules magiques) qu'ils connaissent peuvent tuer ou guérir.

De l'Empire parthe déjà disparu, le Trésor impérial reçoit des brocarts à motifs de bouquetins affrontés qui ont mis un siècle pour faire le voyage. Et dans la rue, un passant sur dix est un « expert » coréen ou chinois auquel la Cour paie trois ans de séjour.

C'est un mélange tonique de labeur forcené, de rouerie, de dévotion véritable. (Comme on aurait voulu voir ça avant les fils électriques et les néons tournants du *Nara-Dream-Land* !)

Au contact de ce formidable appétit de savoir et de cette culture dynamique qui n'est encore revenue de rien, le bouddhisme change. Il s'arrondit ; une part de l'abstraction et du pessimisme indien s'évapore.

« Toute vie est souffrance », disait Çakya-Muni. Pour le Japon du VIIe siècle, la vie est plutôt une gigantesque école où l'on apprend chaque jour une vingtaine d'idéogrammes chinois, le nom d'une nouvelle étoile, une recette fumigatoire ou un moyen salvifique. Dans le sol — pourtant « illusoire » — de Nara, la doctrine de la Renonciation semble plonger des racines fortes et gourmandes. Tout ce qui reste aujourd'hui des temples de cette époque suggère non tellement le détachement qu'une affirmation triomphale. Dans la mort aussi — que le shintoïsme avait laissée en friche —, le bouddhisme s'installe. (Pas celle des ancêtres, non, celle des proches que l'on pleure ou que l'on craint.) Les bonzes ont pour vous porter en terre un rituel qui console et, aux dates prescrites, la lecture des *sutra* sur la tombe pacifie les âmes défuntes. Bien entendu, ces services se paient.

Les cimetières sont les viviers des temples.

Dans l'immense éventail de la prédication bouddhique, les Japonais choisissent les leçons les moins sombres, celles qui satisfont le mieux leur désir si fort de tout réconcilier. Les abbés de la secte Kegon professent que la vraie réalité est une harmonie finale à laquelle rien n'échappe. Le nom de la doctrine ? *Doctrine du Monde de l'Harmonie totale mutuellement et interdépendamment relative.* Avec un programme comme celui-ci, on est certain de ne laisser personne devant la porte !

Les *Kami*, en particulier. Si l'on excepte les querelles de personnes, ces deux formes religieuses semblent faire excellent ménage. Elles servent d'ailleurs des propos différents et peuvent très bien se juxtaposer. Et les Japonais prennent grand soin de ne pas faire perdre la face à leurs dieux nationaux. Lorsque l'empereur lève une souscription pour payer le métal et la fonte du « Grand Bouddha » de Nara, il envoie un bonze très savant au sanctuaire d'Isé pour expliquer la chose à Amaterasu, déesse du Soleil, et s'assurer qu'elle n'en prend pas ombrage. Elle fait savoir au messager, par un rêve, qu'elle en est au contraire flattée, étant elle-même une incarnation temporaire du Bouddha éternel. Il ne faut pas voir ici une supercherie grossière de la part de ce bonze, mais la conviction intime que deux choses si excellentes ne pouvaient que s'entendre, et le génie — bien japonais — du compromis. Il ne faudra plus attendre bien longtemps pour que ces deux religions — si totalement différentes — des Japonais n'en fassent qu'une, le *ryobu-shinto*, qui connaîtra son heure de gloire.

Depuis quinze siècles qu'ils coexistent, jamais le Bouddha et le Shinto n'ont été en conflit ouvert, et, dans le jardin d'un temple bouddhique, vous trouverez toujours — dans un buisson, derrière le puits, à côté de la remise du jardinier — un petit sanctuaire shinto décoré de fleurs encore fraîches, signe que l'Ancien Propriétaire n'a jamais véritablement quitté les lieux.

# V

## LE SONGE D'UNE NUIT D'AUTOMNE

*Heïan-Kyo (Kyoto),*
*mille après le Christ*

DANS la cour du quartier où logent les filles d'honneur de la jeune impératrice, un homme affolé vient de faire irruption. Il est assez mal vêtu. Il frappe le sol de sa tête et crie qu'une remise impériale incendiée a communiqué le feu à sa maison, qu'il n'a plus rien, qu'il ne sait où dormir. Il ne s'adresse à personne en particulier. Manifestement il a perdu l'esprit pour tenir ces propos décousus à des dames de condition. Mais, dans la vie très isolée que mènent ces jeunes personnes, le spectacle d'un rustre — surtout dans cet état —, c'est comique et « intéressant ». Une aubaine. Vite elles sortent écritoires et pinceaux... puis lui tendent en riant les couplets piquants et sarcastiques qu'elles viennent de composer sur sa mésaventure. Il les accepte d'un air stupide, il ne sait évidemment pas lire.

Pas une de ces demoiselles ne songe que, dans sa

situation, un petit sou lui ferait peut-être plaisir. (Sur la gauche de la cour, un toit de tuiles émaillées en bleu occupe un coin de l'image. Ce bleu porte-bonheur venu du vieil Iran jusqu'à la Chine, la Corée, le Japon, qui allège merveilleusement le spectacle de la ville et que les Japonais — ils le trouvent trop allègre pour leurs ciels de pluie — vont bientôt troquer contre le gris argent.)

Pas un seul de ces petits sous percés d'un trou carré et qu'on peut ainsi lier sur une ficelle. L'homme a disparu, et l'une des filles d'honneur consigne l'incident sous la rubrique « Choses amusantes » dans un journal qui nous est parvenu. Elle s'appelle Sei Shonagon, passe pour la plus mauvaise langue de la Cour, et écrit pour tuer le temps les riens qui composent sa vie de suivante. Selon une mode chinoise, elle s'amuse à les répartir en « Choses qui font battre le cœur », « Choses plaisantes » ou « extrêmement contrariantes ». Ainsi : *C'est bien plaisant dans les froides nuits d'hiver d'être ensevelie avec son amant sous une montagne de courtepointes. Le simple son d'une cloche paraît alors si étrange : comme s'il sortait du fond d'un puits...*

En revanche :

*Lorsqu'un galant qui vous quitte à l'aube s'avise qu'il a laissé quelque part son éventail et commence à tourner en rond dans la chambre obscure, se heurtant partout et grommelant : « Comme c'est bizarre ! », voilà qui est très contrariant.*

Elle n'est d'ailleurs pas la seule à noter ainsi ce qu'elle éprouve : d'autres parmi ces dames de Cour tiennent avec esprit, amertume ou malice la chronique du monde clos dans lequel elles évoluent et donnent

— à leur insu — ses premiers chefs-d'œuvre à la littérature japonaise. C'est grâce à elles que l'on sait au moins comme les oisifs de Heïan-Kyo sentaient passer la vie.

Heïan-Kyo signifie « Paix et Tranquilité ».

La ville compte déjà trois cent mille âmes. Il y a deux siècles à peu près qu'on l'a fondée selon le plan rectangulaire des capitales chinoises sur un emplacement soigneusement choisi par les devins.

Trois siècles qu'on a emprunté à la Chine le calendrier lunaire, où l'on ajoute lorsqu'il le faut un mois intercalaire. Dans la littérature de cette époque on n'entend jamais parler du soleil, ce vantard, cet indiscret. La lune est souveraine, elle dispose bien les cœurs et, lorsqu'elle est pleine, augmente de moitié les chances d'un soupirant. La regarder monter au-dessus d'un décor bien choisi *(Tsuki-mi)* est — aujourd'hui encore — un des passe-temps favoris de septembre.

... Au festival des fleurs de prunier succède celui des passe-roses, celui des iris, des azalées, puis la fête de Tanabata qui célèbre la conjonction de l'étoile du Bouvier et de Véga la Fileuse. En octobre, c'est le temps des érables dont le rougeoiement vient distraire au fond de leurs temples les bonzes en oraison. Toute l'année tourne autour des fleurs, des feuilles, des pousses et des épis du riz, des constellations.

La géomancie chinoise et ses interdits de toutes sortes gouvernent aussi les vies. Le Nord-Est est souvent néfaste ; Saturne dangereux ; les « Bonnes Directions » changent d'un jour à l'autre. Le soir, on oriente soigneusement sa couche, et l'on ne prend pas la route, ni la moindre décision, sans consuler les almanachs. En partant en voyage, on brise la branchette de pin (longévité) qui vous promet un retour heureux, et du comportement matinal des araignées on tire augure pour ses projets amoureux. Il existe un « Bureau impérial des Présages » auquel les gouvernements des provinces les plus lointaines sont tenus de signaler tout ce qui sort de l'ordinaire. Parce qu'un « auspicieux nuage » est apparu sur une préfecture du Nord, tous les prisonniers y sont libérés.

L'innombrable faune des fantômes japonais est déjà en pleine croissance et l'air nocturne est peuplé de présences plaintives ou redoutables. Les cas de possession sont nombreux, et ceux qui savent expliquer les songes font fortune. Dans les temples bouddhiques et les sanctuaires shintoïstes, la récitation quotidienne des incantations, des exorcismes et des charmes remplit les caisses du clergé. Au Bouddha, aux *Kami* nationaux, à la magie de droite ou de gauche, ce microcosme de courtisans demande protection et assistance pour des entreprises le plus souvent frivoles.

Cette tyrannie de la superstition jointe aux nombreuses exigences de l'étiquette transforme la vie de tous les jours en un ballet minutieux dont le moindre faux pas peut troubler l'harmonie. Mais si ce monde artificiel est homogène et un, il est aussi complètement coupé de l'autre, du dehors, du réel. Il s'arrête à la naissance et aux manières. *Si l'on entend un domestique dire de quelqu'un qu'on connaît : « Il est vraiment aimable », on ne se défend pas de ressentir un léger mépris*, écrit encore Seï Shonagon. Pour ces dames, les paysans, les pêcheurs au travail sont — comme le héron blanc — un élément du paysage, qui leur fournit ici et là une rime ou aiguise leur mélancolie, car il passe dans tout ce raffinement comme un fil de tristesse dont on demande aux bonzes d'expliquer le pourquoi.

D'ailleurs, on pleure à flots, c'est à la mode. Dans les poèmes, les journaux intimes, il n'est question que de « manches trempées de pleurs », et même les militaires ont la larme à l'œil. En les séchant, on s'écrit. Bien plus qu'on ne se parle. Cela permet de mieux choyer ses sentiments et surtout de faire admirer sa calligraphie. La calligraphie, c'est la véritable religion de cette Cour esthétisante où celui qui est affligé d'une « mauvaise main » n'a aucune chance de s'élever.

On y remarque aussi un léger penchant mignard et pédérastique. « Un bourgeon de saule sur le point d'éclater », voilà comment un capitaine d'archers choisit de se dépeindre à une femme qu'il courtise — par lettre — sans l'avoir jamais vue. Le costume du mâle, pantalon bouffant, bonnet gaufré, large casaque serrée à la taille, est plus éclatant encore que celui de la femelle, qui passe d'ailleurs le meilleur de sa vie retirée dans ses quartiers derrière tentures et paravents. Elles sont, ces dames, moins courtisées et recherchées qu'elles ne le souhaiteraient, comme si, avec leur bons sens instinctif, leur redoutable maîtrise de la langue vulgaire (le japonais, alors que bien souvent les hommes s'essoufflent à bredouiller en chinois), leurs bouderies, leurs humeurs, leurs enfantements et leurs règles, elles apportaient trop de réalité au songe ténu que cette Cour entretient.

... A travers la haie de citronnelle qui sépare leurs résidences, le ministre de la Guerre et son vice-ministre échangent par courrier des poèmes : un marivaudage ambigu que la femme du premier — elle est jalouse — relève dans son journal. Ils n'ont aucun souci des campagnes qui se poursuivent contre les Barbares du Nord et n'auraient pas l'idée d'aller là-haut récolter leur part de horions car, avec tant d'autres choses, on a emprunté aux Chinois leur mépris de la violence et de la guerre. Ces deux personnages ne sont d'ailleurs pas plus militaires que vous et moi et ont tout bonnement acheté leur charge. Tout le pouvoir est délégué ou occulte, mais on sait qu'il est tout entier entre les mains d'une grande famille, les Fujiwara, qui depuis quatre générations distribuent à leur gré les honneurs, les postes et les bénéfices. L'empereur n'est souvent qu'un enfant qu'on installe, qu'on « abdique » ou qu'on exile dans un monastère ; l'impératrice, une toute jeune fille qu'on distrait par des jeux puérils.

Les campagnes sont misérables, mais personne ne s'en soucie.

La véritable force militaire est bien loin de la capitale, dans les fiefs de grands barons rustauds et ambitieux qui font chaque matin des armes et construisent secrètement leur puissance.

Mais de cette menace personne ne se soucie, tout occupé qu'on est d'un coucou d'une mélancolie exceptionnelle qui chante à l'aube dans le jardin du grand chambellan de la Gauche.

... A cinq jours d'Heïan-Kyo, sur le sommet du mont Koya, les bonzes successeurs de saint Kobo Daïshi peignent minutieusement sur soie ces figurations magiques de l'Univers bouddhique qu'on appelle *Mandala*. Dans ces images concentriques repose peut-être la formidable énergie cosmique et la force d'attraction qui évite encore à cette gracieuse garden-party de disparaître en fumée et la maintient suspendue. Peu de sociétés en effet ont donné à ce point l'impression de voguer sur un nuage. On y est trop mondain pour être cruel. Trop mondain pour être fervent. Trop soucieux de cette étiquette qui détermine par édit la longueur des sabres, la couleur des robes, la forme des bonnets.

Paix et Tranquillité.

Au nord-est, dans le « mauvais quartier de l'horizon », un temple édifié à flanc de colline protège comme un bastion la ville contre les influences démoniaques. On est donc à l'abri. Les courtisans ont tout loisir de commenter la dernière fête en préparant la suivante, de distribuer, de vendre ou d'acheter des offices qui ne correspondent plus à rien. Parfois, tout de même, en se relevant d'une profonde révérence, l'un d'entre eux entrevoit, dans le visage fané qui lui fait face — c'est comme un coup d'épingle au cœur et sept syllabes lancinantes dans un poème de trente et une — l'image de sa propre mort.

## VI

## LE CAHIER GRIS

*Kyoto, temple du Ryo-an-ji,*
*le 3 avril 1964*

TROIS Américaines mûres, solidement chapeautées, corsetées et équipées de caméras — de l'espèce qui vous digère en une journée une douzaine de temples et une ou deux résidences impériales sans même sentir leur estomac —, s'installent devant le fameux « Jardin de pierres », bien résolues à n'en faire qu'une bouchée. Soleil d'avril blanc et sournois ; quant au jardin (une des manifestations les plus parfaites de l'esthétique du Zen), c'est quelques rocs aux formes tourmentées choisis avec un soin jaloux par des « spécialistes » voilà bientôt cinq cents ans et merveilleusement disposés sur un éblouissant fond de sable blanc. Cela et cela seulement. Chaque élément de ce microcosme a sa signification traditionnelle : la mer de nuages, le rocher de la grue (félicité), celui de la tortue (longévité), etc., ainsi qu'une jeune fonctionnaire du « Japon travel bureau » l'explique à ces dames. Exposées d'une voix docile par cette personne en bonnet de police, ces allégories prennent quelque chose d'un peu plaqué et benêt. Devant la perplexité de ses clientes, le guide ajoute qu'il ne faut pas attacher trop d'importance à cette symbolique, que le jardin est un chef-d'œuvre d'abstraction pure, un instrument de méditation qui permet à chacun d'y laisser flotter librement son esprit.

« *Cute little garden* », disent les trois dames, et la plus résolue conclut d'une voix de stentor : « *As I look at those rock patterns, I can't help thinking of... Jesus Christ.* » ( ! ?)

J'ai bien peur, avec Kipling, que cet Ouest (ce Middle West) et cet Est ne se rencontrent jamais.

Lorsqu'on observe la façon dont les Japonais visitent leurs propres temples, on se demande parfois si le Japon d'aujourd'hui a de meilleures chances de rencontrer celui d'autrefois. Au pavillon d'Argent *(Ginkakuji)*, de demi-heure en demi-heure, des villages, des écoles entières se pressent au portillon de bambou. Je me dis que j'ai mal choisi mon jour et qu'il me faudra revenir : une dizaine de minutes plus tard, je me retrouve seul. C'est que cela s'expédie de main de maître.

— Venez un peu par ici (et tout le monde se hâte).

— Construit par l'ordre du seigneur Yoshimasa, telle époque, les deux tas de sable à votre droite représentent le repos de l'esprit, en avant s'il vous plaît, rendez-vous à l'arrêt du tram n° 4 dans dix minutes.

Ils redémarrent en rangs serrés, braquant leurs caméras, mais beaucoup de photos seront bougées (*Osanaï de kudasaï*, ne poussez pas s'il vous plaît !)... parce que justement, derrière, on pousse.

Aujourd'hui encore, dans le hall du Kyoto Hotel, rencontré d'autres étrangères, françaises celles-là. Elles ont eu froid à l'île de Sado. Après deux semaines de tournée culturelle et d'averses, elles soupçonnent en outre leurs cicérones de ne pas leur avoir livré l'« âme du Japon ».

A la femme, au frère qu'on aime, on ne dit pas tout, et ces dames qui pourtant ne sont pas sottes, ces dames à gants de fil qui à Paris hésiteraient à changer de boucherie (c'est l'aventure, on ne sait plus à qui on a affaire, l'aiguillette sera moins tendre) exigent qu'avant leur départ on leur empaquette l'« âme du Japon ». Que veulent-elles donc ? Mais voyons ! tout, tout de suite, et que par une opération de l'esprit leur ignorance se transforme en savoir, du substantiel et clairement expliqué s'il vous plaît pour qu'au retour on en puisse parler. Moi qui les juge, je voudrais parfois aussi trouver mon assiette servie, et vite. Nous venons dans ce pays maigre et frugal avec notre métabolisme de glouton : l'Occident est tout entier là-dedans. La vaisselle d'or, les Maharajahs, les rubis gros comme des œufs de canne, voilà ce qui a frappé nos premiers voyageurs, ce qu'ils ont voulu voir, alors que la frugalité est véritablement une des marques de l'Asie. Dans les débuts de l'histoire chinoise, on trouve ce poème :

> *Le roi de Tchou passant le Kiang*
> *trouve une graine de sagette*
> *elle est rouge comme le soleil*
> *elle est grosse comme une noix*
> *il la cueille, il la mange...*

C'est le souverain d'un puissant empire, il a bien le droit de croquer un petit quelque chose. La frugalité c'est le fond ; le reste — les armées de cinq cents éléphants qui d'ailleurs tournaient casaque en semant la panique quand ça chauffait —, c'est seulement du désordre. Les soldats d'Alexandre qui étaient frugaux eux aussi ne s'y sont pas trompés.

Celui qui ici n'accepte pas de commencer par faire l'apprentissage du moins est certain de perdre son temps.

## VII

### GÊNES, L'AN 1298

COMME un écureuil en cage, le Vénitien Marco Polo tourne dans la pièce où les Génois le retiennent prisonnier. Il ronge son frein.

Voilà trois ans qu'il est revenu de ses fabuleux voyages de Chine, six mois qu'il s'est fait capturer par la flotte génoise sur la galère de Saint-Marc qu'il commandait, six mois qu'il se morfond à attendre que sa ville natale paie sa rançon — elle est élevée car, à la fin du XIIIe siècle, un homme qui connaît le chemin des terres à épices vaut, littéralement, son pesant d'or.

Après tous les dangers qu'il a traversés en vingt ans de pérégrinations, il enrage de s'être ainsi fait pincer dans cette querelle entre Gênes et Venise, qui, à l'échelle du monde dont il revient, fait tout juste l'effet d'une rivalité de faubourgs au sujet de quelques quintaux de poivre.

Pour tuer le temps, il dicte ses Mémoires à son compagnon de captivité, un obscur plumitif qui les note en latin. L'Asie lui remonte à la tête : la superbe ordonnance de Cambaluc (Pékin), capitale si grande qu'aucune comparaison n'en peut faire ici saisir l'étendue, ses dix mille ponts de marbre sous la neige de janvier, les faveurs de l'empereur Koubilaï, petit-fils de Gengis khan, les pelisses de zibeline des ambassadeurs du Nord...

Parfois, par nostalgie, il embellit un peu ces images. Mais très peu. Ainsi s'élabore le *Livre des Merveilles*, où, pour la première fois, l'Europe entendra mentionner le Japon. Polo n'y est pas allé, il n'en parle que par ouï-dire au deuxième livre de son récit :

*On l'appelle l'île de Zipangri* (corruption du chinois Ji-Pen-Kue). *Elle est d'un accès difficile et, de la Corée, c'est plusieurs jours de navigation sur une mer très mauvaise.*

*Les perles y abondent et l'or y serait si commun que les toits des temples en sont couverts, et les tables des princes faites d'or massif et de bonne épaisseur.* (Ce qui explique cette rumeur qu'il doit tenir des armateurs coréens, c'est qu'au Japon l'argent étant alors presque aussi rare que l'or, le rapport des deux métaux donne un à trois contre un à dix ou quinze sur le continent et que cette disproportion permet aux étrangers des affaires profitables.)

*Comme les Chinois, les habitants de Zipangri aspirent, en parlant, beaucoup d'air entre leurs dents.*

*Leur souverain n'est le féal de personne, et n'envoie pas d'ambassades à Pékin.*

Polo mentionne même la malheureuse tentative d'invasion que son maître l'empereur Koubilaï a faite vingt ans plus tôt contre cette île, et explique son échec par des disputes entre les généraux mongols chargés de l'affaire et par le typhon qui aurait anéanti la flotte chinoise...

Sur ce point comme sur bien d'autres, on peut contrôler la véracité de son récit.

En fait il s'est passé ceci : une fois maître de la Mongolie, de la Chine et de la Corée, l'empereur Koubilaï trouve tout naturel que le Japon passe aussi dans sa mouvance. En 1268, il adresse au « roi du Japon » une lettre menaçante pour exiger la reprise des relations commerciales. Les Japonais, qui jugent ce langage insultant, retournent la lettre sans réponse.

En 1274, Koubilaï envoie une flotte de plusieurs centaines de voiles, montée par vingt mille de ces archers mongols qui, pour la discipline, l'habileté manœuvrière et le mordant, sont les meilleures troupes de ligne que le monde ait encore connues. Au passage, l'armada s'empare des îles de Tsushima et d'Ikishima, puis prend pied sur la côte ouest du Kyushu. Les Japonais les attaquent sur les plages. Au début, les grands boucliers roulants que l'agresseur pousse devant lui pour protéger son avance, et surtout les fusées primitives dont les archers mongols font grand usage, effraient les chevaux des samouraïs. Ils démontent et attaquent à pied.

Le Japon a bien changé depuis les grâces de Heïan-Kyo, et il y a beau temps que les gardes-frontières n'y « trempent plus leurs manches de pleurs ». Le pays sort d'un siècle de féroces guerres féodales qui l'ont transformé en une nation militaire plus préoccupée de horions et d'escrime que de poésie. Comparés aux Mongols, les Japonais du XIIIe siècle sont des cavaliers médiocres, des archers passables, mais des sabreurs incomparables dont les longues lames qu'on manie à une ou à deux mains font des blessures mortelles et sont d'une trempe que ni Damas ni Tolède ne pourront jamais égaler.

Les assaillants sont contenus et les renforts que les Japonais attendent du Nord ne sont pas arrivés qu'une tempête balaie la flotte d'invasion, dont les débris se replient sur la Corée.

En 1281, les soldats de Koubilaïkhan reviennent à la charge. Ils sont plus de cent mille cette fois ; mais les Japonais les attendent de pied ferme. Sur la côte ouest du Kyushu, ils ont élevé une muraille ininterrompue dont la construction a demandé cinq ans.

Tous les sanctuaires shinto et tous les temples bouddhiques bourdonnent journellement de prières pour le salut du pays ou d'incantations pour attirer sur l'envahisseur la foudre, la pestilence, l'humiliation, la mort. Sur ordre du régent — qui détient le pouvoir réel —, on a dressé à une rosse de labour et à un arc près l'inventaire des ressources du pays et mobilisé le ban et l'arrière-ban de la caste militaire qui, dans cette affaire, montre un empressement admirable.

Voilà — c'est un document parmi bien d'autres — comment le pays répond aux ordres de mise sur pied :

*Le rescrit du vingt-cinquième jour de ce mois est parvenu ici hier et a été parcouru avec la révérence qui convient.*

*L'ordre demande une liste des hommes, chevaux, armes pour une expédition punitive en pays étranger.* (C'est ainsi, pour la « face », qu'on présentait la chose, mais chacun savait bien de quoi il retournait.)

*Les ressources disponibles sont les suivantes : mon fils Saburo Mitsushige et mon beau-frère Kobujiro se hâtent pour vous rejoindre, faisant force de marche jour et nuit. Ils attendent vos ordres dans la crainte et le respect.*

*Signé : la bonzesse Shina, dame du hameau de Kitayama (la Montagne-du-Nord) en Kyushu.* (Cité par sir George Sansom dans *Cultural History of Japan.*)

Pendant trois semaines on se bat sur les plages. Au début de la quatrième, un typhon providentiel arrache les bateaux à leurs ancres et détruits corps et biens l'immense armada chinoise. Un vent divin au secours d'une race divine dont l'orgueil — vous vous en doutez — ne va pas sortir amoindri de l'affaire.

Aujourd'hui on donne aux typhons de gracieux noms de femme (Beryl, Laura, Cathy...), sans doute pour apaiser leur fureur. Les Japonais du XIIIe siècle baptisèrent ce typhon salvateur le Vent-Dieu *(Kami kaze)*, et les pilotes-suicide de la guerre du Pacifique, alors que tout est déjà perdu, reprendront ce nom à leur compte.

Pendant les dix années qui suivent les Japonais montent la garde, mais les Chinois ne reviendront plus. En attendant, les sanctuaires shinto et surtout les puissantes sectes bouddhiques, qui sont à couteaux tirés, se disputent âprement le mérite d'avoir fait souffler le Vent divin. Mais ce sont finalement les sectateurs de Nicheren — un réformateur ultra, d'une violence, d'un radicalisme et d'un culot peu communs, qui abreuve le gouvernement de libelles comminatoires pour que les mœurs soient réformées et les autres bouddhistes, tous des hérétiques, exclus — qui emportent cette timbale, au grand dam de leurs concurrents.

... Marco Polo termine ces *Merveilles du Monde*, qu'il a décrites de bonne foi. Son récit fourmille de précisions que l'histoire confirme. Lorsqu'il tombe dans des chimères, ce sont celles que les Chinois qu'il a vus partageaient, et il ne fait que se rallier à la créance générale. Il faut le comprendre si, ici et là, ses souvenirs lui font tourner la tête, et s'il se dupe : une tête qui n'aurait pas tourné au spectacle de la Chine des Yuan, des routes caravanières, des mers du Sud et de la Cour de Tabriz par lesquelles il est passé sur le chemin du retour n'aurait pas mérité d'épaules.

Son livre se copie, se traduit, se répand. Puis jaloux et sceptiques s'occupent promptement à tourner ces « fables » en ridicule. Leur auteur termine sa vie dans un demi-anonymat pour devenir, une fois mort, un des masques du carnaval vénitien, qui, sous le sobriquet de « Marco Million » (les richesses qu'il se vantait imprudemment d'avoir possédées), raconte aux spectateurs ébahis les plus folles calembredaines. Cependant que sur le marché des best-sellers de l'époque les *Voyages* de son prédécesseur et concurrent Jean de Mandeville — un tissu de bourdes grossières, d'hommes sans têtes, de « fourmis chercheuses d'or » et de contes naïvement démarqués de Strabon — connaissent un succès fantastique.

Ainsi va la vie, ainsi va l'édition.

Malgré cette éclipse, les *Merveilles du Monde* restent, à la fin du XV$^{e}$ siècle, une source que les navigateurs sérieux consultent. Christophe Colomb notamment.

Il en possède une copie — on l'a conservée — fatiguée par des lectures nombreuses et couverte d'annotations marginales. L'île de Zipangri et son or le tracassent. C'est son principal objectif et, puisque la Terre est ronde, en naviguant vers l'ouest on doit tomber dessus. Après avoir sans succès proposé son projet de découvertes au Portugal, à la France, à l'Angleterre, il l'offre à Isabelle d'Espagne : voguer vers l'ouest, découvrir Zipangri et s'y remplir les poches, puis rouvrir le négoce de cette Chine, ancienne pourvoyeuse des luxes de l'Empire romain, et dont l'islam a coupé l'Occident. La reine d'Espagne, qui vient de reprendre Grenade aux musulmans, met ses bijoux en gage, lui offre trois caravelles et une lettre scellée pour l'« empereur de Chine ».

En août 1492, son escadre quitte le détroit de Gibraltar et, après un mois de navigation, entre dans la mer des Sargasses avec un équipage épouvanté par les variations de la boussole. Le 11 octobre, ses matelots reprennent courage en voyant flotter sur l'eau calme une branche de mûrier couverte de mûres fraîches. Le lendemain, ils aperçoivent des lueurs qu'ils prennent pour la terre et qui sont des milliards de vers phosphorescents montés en surface pour leur ponte nocturne. Le surlendemain, une terre véritable que l'on prend pour le Japon... et qui n'est que l'Amérique, ou plutôt Haïti.

Là, puis sur la côte du Mexique, les Espagnols n'ont qu'à se baisser pour ramasser de l'or. L'histoire ne dit donc pas s'ils ont été déçus de trouver l'Amérique en cherchant le Japon.

Aujourd'hui, bien des touristes arrivés de la veille dans le Tokyo des *departments stores*, des *elevators* tout aluminium, des néons, des taxis-avec-télévision, du métro le plus propre et le plus moderne du monde, ont obscurément l'impression qu'on leur a joué le même tour.

# VIII

## LE VATICAN

L'AN 1453, une bulle du pape Nicolas IV donne au roi Henri de Portugal toutes les « navigations d'Afrique *usque ad Indos* », c'est-à-dire tout ce qu'il pourra découvrir à l'est de la côte de Guinée, arracher aux infidèles d'Egypte et d'Arabie Heureuse, et convertir de gré ou de force à la religion chrétienne.

Quarante ans plus tard, en 1493, le pape Alexandre VI Borgia — pontife discuté, politique passable et excellent poète érotique, dont les œuvres ne semblent plus recueillir aujourd'hui toute l'attention qu'elles méritent — répartit les terres nouvelles de la planète entre l'Espagne et le Portugal par la bulle *Inter Caetera Divina*. La ligne de partage passe cent lieues marines à l'ouest des îles du cap Vert, accordant au Portugal tout ce qui est en deçà, et les terres d'au-delà à l'Espagne. Aux antipodes, cette ligne idéale coupe à peu près par le milieu l'île de Zipangri, que personne ne saurait alors situer sur une carte, et transforme ses habitants en sujets potentiels de Manuel Ier le Fortuné et d'Isabelle la Catholique.

Heureusement pour l'orgueil japonais, rien n'a transpiré jusque chez eux de la légèreté avec laquelle on dispose de leur sort. Pour leur part, forts de leur origine divine, ils ne seront pas longs à penser qu'une fois leur maison mise en ordre, tout l'Univers est appelé à se soumettre à la vertu impériale et, comme l'écrira bien plus tard le général comte Nogi, à « baigner dans la même rosée de grâce que les Japonais ».

Dans le même temps, l'empereur Ming de Chine s'endort chaque soir persuadé que la Terre entière lui appartient par mandat céleste, et l'idée d'un partage ne saurait l'effleurer un instant.

En Europe, on ignore hélas ! tout de cette bienveillante protection et de cette occasion inespérée d'acquérir au contact de la culture chinoise quelques rudiments de civilité ; mais les Anglais et les Français, mécontents d'être exclus du partage d'Alexandre VI, vont bientôt mettre leurs pamphlétaires et leurs écrivassiers à la tâche pour établir que rien dans « le Testament d'Adam » (François I^er^) n'autorise ces monopoles, que la mer est libre et les terres qu'on y découvre, au premier occupant.

C'est grisant de rêver à ce tissu serré d'ignorance et de prétentions à l'hégémonie qui se superposent, s'annulent, s'entrecroisent. Au fond, cela n'a guère changé.

## *« Il n'y a pas de terme de comparaison pour décrire cette chose-là »*

Après avoir contourné l'Afrique, s'être installés grandement à Goa, à Malacca, les Portugais entrent, au début du XVI^e^ siècle, dans les mers extrême-orientales.

Un peu à bout de souffle. Ils ne parviennent pas à intéresser la Chine à leurs affaires, croient pouvoir parler haut, se font couler une escadre devant Canton et exclure, pour leur mauvaise conduite, du commerce officiel de l'empire. Mais avec l'anarchie, les pirates, il y a tout de même moyen — même pour les indésirables — de trafiquer un peu, et ils s'accrochent.

Au printemps de cette année, trois marchands portugais quittent la Cochinchine sur la jonque d'un corsaire chinois à destination de la côte cantonaise. Pendant toute la traversée, ils ne cessent de se disputer bruyamment. Ces cris, cette turbulence, ce théâtre, c'est assommant. Un Chinois a beau être pirate, ce qu'il aime avant tout, c'est la tranquillité. Il pose ses passagers dans le port de Ningpo et file à l'anglaise. Là, plusieurs mois plus tard, un autre corsaire « saisi de compassion » les embarque et cingle vers Okinawa avec une cargaison de soie volée à d'autres et que d'autres lui voleront. Un typhon de septembre les déroute, les promène et les pose après vingt-trois jours de dérive devant la petite île de Tanegashima, au sud du Kyushu. Au fond de la baie, un village dont tous les habitants garnissent déjà la grève, la main en abat-jour sur les yeux. Les Chinois ne sont pas trop rassurés ; et pour les Portugais c'est vraiment l'extrémité du monde.

C'est la première fois qu'Européens et Japonais se trouvent face à face. Pendant longtemps, cette rencontre n'a été connue que par les *Pérégrinations* du voyageur portugais Mendez Pinto, grand menteur et Tartarin, qui prétend avoir été de ce voyage, mais qui n'a fait — c'est prouvé — qu'ajouter sans scrupule à ses propres aventures cet épisode qu'il connaissait de deuxième ou de troisième main. Mieux vaut donc tailler dans le procès-verbal que le fils du gouverneur de l'île fit dresser quelques années plus tard par un bonze qui disposait des documents et des témoins nécessaires, et dont je dois la traduction au labeur et à la gentillesse du R.P. Jean-Marie Martin, grand connaisseur du Kyushu et grand fouilleur d'archives.

*Tanegashima 1543*

*(Du pinceau du bonze Nampo Bushi)*

*L'an 12 de l'ère Tembun, un grand bateau mouilla dans l'anse de Nishimura. Impossible de savoir de quel pays il était venu. Il était monté par une centaine d'hommes. Leur visage était différent du nôtre et ils ne connaissaient pas notre langue. Tous ceux qui les voyaient les trouvaient étranges...*

(Je vois une de ces criques de sable étincelant comme on en trouve dans le sud du pays, un ciel bleu rempli jusqu'au bord d'une perplexité immense, et la population de ce bourg de pêche rangée sur la plage et ne sachant trop que penser de cette jonque dont le haut gaillard d'arrière est décoré de démons peinturlurés dans des tons très « rasta ».)

*Parmi ces hommes, il y avait un jeune Chinois du nom de Goho.*

(Si on le mentionne, c'est qu'il est probablement le seul à savoir écrire.)

*Le maire de Nishimura avait des lettres, il entra en conversation avec lui en traçant des caractères chinois avec sa canne sur le sable.*

*— Des hommes sur ce navire ont un aspect extraordinaire, quel est leur pays ?*

*— Ce sont des marchands appartenant à la race des*

*Barbares du Sud. En général, ils connaissent la justice et les règles des relations entre seigneurs et sujets, mais parmi eux il y en a qui ignorent complètement les lois de l'étiquette. Ainsi, quand ils boivent ils ne se servent pas de coupes* (buvaient probablement à la bouteille), *ils mangent sans baguettes et prennent les aliments avec leurs mains.*

*Ils ne savent que ce qui est à leur goût et ne font que ce qui leur plaît. Ils ne lisent pas les caractères et n'en comprennent pas le sens...*

*Somme toute ce sont des marchands. Ils n'ont rien de suspect.*

De marchands, il ne faut pas trop attendre. Les sociétés asiatiques n'en ont — en théorie — jamais fait grand cas et les placent plus bas dans l'échelle sociale que le plus humble cul-terreux. En outre, ces négociants portugais ne représentent déjà plus l'élite du pays et mènent dans leurs comptoirs de l'Inde une vie molle et corrompue. En passant le cap de Bonne-Espérance, ils avaient coutume de jeter par-dessus bord leurs cuillers et fourchettes pour attester symboliquement que désormais ils allaient ramasser l'or de l'Inde avec leurs mains, manger de même, à moins d'avoir des concubines goanaises pour les nourrir à la becquée. Leurs « manières de table » laissaient sans doute à désirer. Mais pour les Japonais, du moment qu'ils connaissent « les règles du comportement entre seigneurs et sujets », alors, bon, on va pouvoir s'entendre. Le traducteur chinois, qui comprend bien ce souci — ce n'est pas pour rien qu'on a partagé Confucius —, n'a rien de plus pressé que d'éclaircir ce point capital.

Sur quoi le maire — cette responsabilité l'écrase —

fait poliment remorquer la jonque jusqu'au chef-lieu voisin, où un autre bonze va faire office d'interprète et où un objet dont les « Barbares du Sud » répugnent à se séparer fait véritablement sensation. Devinez quoi :

*Ils tenaient* (ces marchands) *une chose longue de trois* shaku (disons un mètre) *environ. Cette chose vide à l'intérieur était lisse à l'extérieur. Elle était lourde. L'intérieur en est généralement libre mais le fond obturé. A l'extrémité, sur le côté, il y a un trou ; c'est par là qu'on met le feu. Il n'y a pas de terme de comparaison pour décrire cette chose-là...*

Vous avez trouvé, j'espère : ce n'est ni un crucifix, ni un missel, ni une bouteille de gnôle, ce ne peut donc être qu'un fusil. Nous n'exportions pas tant de choses en ce temps-là. Effectivement :

*Voici comment le marchand s'en sert. A l'intérieur il introduit un produit merveilleux en poudre, il y ajoute un petit objet blanc* (la bourre) *; [prenant cette chose, l'appuyant contre son corps, fermant un œil, mettant le feu par le trou, il n'est rien qu'il n'atteigne. Quand le coup part, il se produit une lumière comme un éclair et le bruit est comme un coup de tonnerre.]*

*... Avec cette chose on peut se venger de ses ennemis, car quiconque est atteint perd l'âme... C'est une chose vraiment utile.*

Quel Japonais résisterait au désir de posséder un trésor pareil ? En tout cas pas Tokitaka, qui est gouverneur de l'île. Il veut l'acquérir. Il en perd le sommeil.

*Un jour, par l'interprète, il dit aux Barbares :*

*— Ce n'est pas que j'y deviendrai habile, mais j'aimerais apprendre à me servir de cette chose-là.*

*Et le Barbare répondit :*

*— Si tu veux connaître le secret de cette chose, je te l'apprendrai.*

*Et il ajoute :*

*— Il suffit d'avoir un cœur honnête* (le bonze écrit : *« Kokoro wo tadashiku shite »*) *et de fermer un œil.*

Le Portugais a probablement dit : « Il faut être bien d'aplomb sur ses jambes. » Le Chinois traduit : « Il ne faut pas être couard, avoir du cœur au ventre. » Mais le bonze en tire aussitôt une morale édifiante et le gouverneur, enchanté, conclut :

*Former en soi un cœur sincère, telle est la grande loi de ce bas monde ; si l'on s'y soumet, aucune erreur ne doit se produire.*

*Il continua :*

*— Mais tu dis qu'il faut fermer un œil. Pourquoi, puisque justement quand on ferme un œil on ne peut pas voir loin ?*

*Le Barbare réplique* (j'abrège) *:*

*— Fermer un œil a pour objet de concentrer sa vue sur un point important. Pense à ceci...*

*Tokitaka fut content et rétorqua :*

*— Lao Tseu a dit : « Quand on voit peu cela devient clair. »*

Ce qui en fait signifie exactement le contraire... mais apparemment on ne peut pas empêcher ce gouverneur d'élever le débat. Finalement il achète pour une forte somme deux de ces « choses vraiment utiles » qu'il aurait si facilement pu confisquer, s'exerce « matin et soir sans désemparer » et devient un tireur adroit.

Ce qu'il y a de plus clair, c'est qu'en changeant de main le fusil s'en est mieux tiré que les idées. Il arrive intact à destination, il fonctionne. Pour le Japonais, voilà l'essentiel. Quant aux idées, on sait qu'elles sont bonnes filles et se laissent retourner comme des gants ; mais pas les fusils... à moins de se tirer dessus.

Ayant appris à préparer sa poudre, Tokitaka demande à ses armuriers de lui copier ses arquebuses. La crosse, la lumière, le canon, c'est facile, mais ils ne parviennent pas à en obturer le fond. Les Portugais, enchantés par l'accueil civil qu'ils ont trouvé, reviennent l'année suivante, et un forgeron du nom de Kimbei, pour apprendre le secret de la fabrication, leur livre sa fille Wakasa, âgée de dix-sept ans.

*Elle revint avec eux un an plus tard ; Kimbei alla à bord, s'en retourna avec elle et, après plusieurs jours, annonça aux marchands qu'elle était morte de maladie et que les obsèques avaient déjà eu lieu. Les Barbares ne pleurèrent pas en apprenant cette nouvelle et ne parurent pas y ajouter foi...*

Prostituer sa fille dans l'intérêt supérieur de son seigneur est après tout une chose bien naturelle. Ce qui compte c'est que, morte ou vive, Wakasa a rapporté la recette et que les arquebuses vont se multiplier dans le Kyushu, puis dans tout le Japon. Trente, trois cents, trois mille. Mais c'est un objet coûteux et seuls les grands féodaux peuvent s'offrir ces corps d'arquebusiers qui leur permettront de mâter les petits. Douze ans plus tard à peine, à la bataille de Kawanakajima, l'air est déjà tout noir de poudre.

Et voilà ! les présentations sont faites.

On s'est vendu un vrai fusil, payé en bonne monnaie d'or. Somme toute, tout s'est très bien passé.

Moi je la vois, cette transaction dans un petit port

d'une petite île perdue, comme un lever de rideau où les protagonistes ignorent l'importance de leur rôle et jouent n'importe comment. D'un côté ce gouverneur plein de maximes, si courtois, si soucieux d'être « comme il faut » et surtout de ne rien laisser échapper d'utile ; de l'autre ces trois Portugais volubiles, ébahis par la bonne affaire qu'ils ont faite, et probablement fort sales sous leur col de dentelle. On a envie de leur crier : « Tenez-vous droit, un peu de prestance, pas tant de rodomontades — ils ont déclaré que le Portugal était plus grand que la Chine — et de grimaces, et ne soufflez pas votre haleine à l'ail dans le nez de l'interlocuteur, mesurez vos paroles et faites bonne impression... » Mais au fond c'est sans importance ; ce ne sont que des figurants, de modestes comparses. C'est le fusil qui tient la vedette, et à la perfection.

### *Kagoshima. « Ces gens font mes délices » (Saint François-Xavier, quittant le Japon en 1551)*

*Que chacun cultive la piété filiale, la fidélité au seigneur, tienne exactement sa place, s'acquitte sans délai de ses obligations, que les samouraïs travaillent aux champs dès l'aube, car l'inaction est démoralisante, que personne n'offense la Norme, etc., et nos gens seront à l'abri de l'injustice, et tout ira bien pour l'Etat.*

Tel est en substance le Décalogue confucianiste que les sujets du fief de Satsuma, dans le sud du Kyushu, sont depuis une bonne génération exhortés à respecter. Chaque matin les hommes valides font l'exercice : tout marche à la baguette ; et l'auteur de ce code austère, le chef de la puissante maison de Shimazu, qui s'est fait bonze pour gouverner plus à son aise, ne se met pas au-dessus de la Loi : « Si l'on surprend de notre part une action peu droite ou inconsidérée, que chacun nous en reprenne sans délai. »

Tout va effectivement bien pour le clan de Shimazu, qui ne cesse d'arrondir ses terres, et c'est précisément dans cet Etat « moralisé », à Kagoshima, que le premier soldat du Christ débarque au milieu du XVIe siècle pour y chanter une tout autre chanson.

Saint François-Xavier est le fils d'un dignitaire espagnol. Etudiant la théologie à Paris, il a rencontré Ignace de Loyola, cédé à son magnétisme, et fondé avec lui et quelques autres la Compagnie de Jésus, dont le pape a approuvé les objectifs. Légat pontifical pour l'Inde portugaise, il vient d'y passer deux ans, d'abord dans le luxe pourrissant de Goa, puis dans le Sud, où il a baptisé « au point d'en avoir le bras engourdi » trente mille catéchumènes de basse caste, ce que l'Inde peut offrir de plus crotté et de plus démuni. Pauvres diables qui acceptent sans barguigner la conversion, l'hostie, la vie future, comme un bol de riz tombé du ciel. Dans le nombre, pas un rajah, pas un sultan, pas une âme érudite et « de condition » pour opposer, avant de se rendre, une résistance honorable. François-Xavier est déçu : autant compter des moutons ! Dans une de ses lettres, il se plaint d'avoir été devancé dans son ministère par des bernardins qui ont clamé partout que le Christ aurait vécu chez les parias, alors qu'il se tue à expliquer qu'il aurait choisi les bramines.

Il en est là lorsqu'il entend parler des Japonais à peine découverts : la civilité de leur accueil, leur correction, leur maîtrise d'eux-mêmes. A travers ces récits encore confus, il devine une structure, une force, un adversaire digne de lui. Et il rêve de faire de ce peuple vertueux, « égaré dans la gentilité », la citadelle de son Eglise d'Orient.

Le 15 août 1549, il arrive au Japon sans savoir que le Christ l'y a précédé de trois siècles. Les bouddhistes chinois du Moyen Age ont en effet entendu parler de ce « Sage » d'Occident et l'ont transformé en un bodhisattva qui pénètre au Japon sous le nom d'Inro Bosatsu et se noie dans l'immense panthéon national avec son message et son origine.

Au même moment, la chrétienté, qui a eu vent des mérites de Çakya-Muni, se l'est attribué sous le nom de saint Josaphat (corruption de Bodhisat), qui, en compagnie de son convertisseur, saint Balaam, va se perdre presque aussi vite dans la foule des saints du calendrier (27 novembre). Mais, d'un côté comme de l'autre, on a oublié cet échange de politesses.

Tout est à reprendre.

Résolu à viser la tête, François-Xavier demande audience au daïmyo de Satsuma, qui le reçoit avec bienveillance. Sa soutane noire, sa prestance naturelle font merveille. Il veut prêcher la vertu ? Bon ! Et dans la rue, beaucoup de bonzes le font déjà : pas d'objection. L'exemple des sages n'a jamais fait tort aux affaires publiques ; les Japonais sont tolérants et curieux de nature, et toutes les doctrines sont bonnes et voisinent en paix aussi longtemps qu'elles n'éloignent pas les sujets des devoirs de la modération. Enfin, la faiblesse du pouvoir central laisse les coudées franches aux seigneurs du Kyushu ; les bateaux portugais qui touchent leurs ports leur valent des bénéfices énormes. Sans compter ces fameux mousquets qui font toujours plaisir.

Bon début.

Mais François-Xavier ignore encore cet art du compromis, cette souplesse si souvent reprochée à son ordre et qui sont, pour une bonne part, une leçon tirée de cet Extrême-Orient avec lequel les jésuites se sont si bravement colletés. Il est chez les païens, après tout. Il flaire l'idolâtre partout. Egaré dans une société dont il ne soupçonne encore ni les forts ni les faibles, il joue seul sa partie, tranche, embarrasse, brusque son monde, accumule les erreurs. Quand les bonzes zen qui l'ont accueilli en ami l'entendent déclarer que les *satori* (illuminations) de leurs illustres devanciers chinois ne sont qu'impostures et sornettes, ils lui ferment leur temple au nez.

Quand le daïmyo de Satsuma apprend qu'aux dires du docteur étranger, ces ancêtres — qu'il faut vénérer — brûlent en Enfer faute d'avoir été baptisés, il fronce le sourcil et le prie d'aller prêcher ailleurs.

Quand un seigneur voisin qui reçoit l'expulsé à bras ouverts — comptant lui acheter de la poudre à canon — l'entend assurer que la sodomie met l'homme en dessous du porc, le daïmyo, qui s'autorise ce passe-temps alors fort répandu chez les militaires, blêmit et le met à la porte. Les lettrés qui l'invitent courtoisement pour qu'il expose sa doctrine ne lui cachent pas combien l'idée d'un Dieu parfaitement bon créant un Diable très puissant pour tourmenter les créatures qu'il aime leur paraît singulière et même divertissante. Quand enfin il s'efforce, avec l'aide d'interprètes insuffisants, de rendre dans une des langues les plus difficiles du monde les rudiments de la doctrine chrétienne, il traduit Dieu par *Kami* (on sait l'ambiguïté du terme), péché par *tsumi* (une « pollution » sans connotations morales), emprunte le reste du vocabulaire à la terminologie bouddhique et s'engage ainsi dans un maquis de quiproquos dont on n'est pas encore sorti.

C'est délicat d'apporter une morale nouvelle à des gens qui ont depuis si longtemps et si prudemment choisi celle qui leur convient.

Sans se laisser abattre, il visite encore plusieurs « royaumes » du Kyushu, monte à la capitale (Kyoto) où, malgré ses anathèmes, il est assez bien reçu, et, le cœur déchiré, quitte le Japon en 1551, n'ayant pourtant converti qu'une poignée de plébéiens — mais d'une ferveur dont l'Inde ne lui a pas donné d'exemple — et (selon sir George Sansom) qu'un seul seigneur d'importance, dont la syphilis n'avait pas résisté au baptême.

Sous cette apparence d'échec, sa mission est un succès. Parce que les Japonais sont plus sensibles à l'aura qu'aux abstractions et que les « bizarreries » de la doctrine comptent moins pour eux que la qualité et le courage de l'homme. Parce que l'éclatement du pouvoir central crée un appel d'air pour tout ce qui vient du dehors. Parce que, au-dessus de la tête des missionnaires qui n'en peuvent mais, les seigneurs japonais aperçoivent en guise d'auréole un faisceau de ces arquebuses si appréciées. Parce que, enfin, le Japon vient de rompre les relations avec la Chine et que, désormais, seuls les vaisseaux portugais peuvent apporter ces soies chinoises dont les courtisans de Kyoto sont friands.

Quant à François-Xavier — malgré les résistances que sont attitude y suscite —, le Japon lui a pris le cœur. Il est mystifié et séduit. Ce militant est attiré par ce pays difficile, par une rigueur morale un peu mélancolique qu'il peut sentir sinon formuler, par l'austère beauté des quelques temples de Kyoto où il a été reçu. Par un « je-ne-sais-quoi » dans la qualité, né d'une tradition que l'Occident ignore et que son vocabulaire d'Occidental ne lui permet pas de définir.

*De tous les peuples jusqu'ici découverts, celui-ci est sans doute le meilleur...* C'est à peu près tout ce qu'il en peut dire. Il laisse derrière lui deux pères et demande à la Compagnie d'en déléguer quelques autres — le fin du fin — à ces catéchumènes d'élite. On les enverra.

C'est le début d'une étrange aventure fondée sur l'enthousiasme, l'opportunisme, la bonne foi, le malentendu, et que — pour user d'un terme cher aux Japonais d'aujourd'hui — l'on peut appeler le *Kiristan Boom*.

### *1582-1592 : une ambassade*

Kyushu, Macao, Cochin, Goa, Lisbonne, Madrid, Rome... et retour.

*Dieu va jetant l'idolâtre par terre aux Indes et va rangeant sous son joug les hommes nouveaux inconnus de nos ancêtres... étant le profil qu'il fait au nouveau monde* (découvert depuis peu et pris d'abord pour un rivage d'Asie) *plus grand que n'est la perte de notre vieux monde qui radote...* (Un pamphlétaire catholique de Liège sur la visite des ambassadeurs japonais.)

Depuis le départ de Xavier, c'est l'âge d'or des jésuites portugais. Le Japon leur fait fête. Ils baptisent à tour de bras, et ce n'est plus le fretin des débuts. Par conviction véritable, par curiosité, par intérêt pour les cargaisons de Macao, les grands du Kyushu se convertissent, et l'on voit fleurir dans leurs généalogies les Martin Barthélemy, Pie, Grégoire, Gervais, Protais, sans oublier Ignace. En bons confucéens qu'ils sont, les sujets suivent, et le zèle est parfois si grand que les bonzes n'ont plus qu'à prendre le maquis.

Au nord, dans le Honshu, un capitaine de peu de naissance mais de grande envergure, Oda Nobunaga, est en train — par son génie militaire, la largeur de ses conceptions, et par un usage du parjure qui ferait pâlir Machiavel — d'unifier le Japon sous sa coupe. Il s'est fait octroyer la régence et s'apprête à casser les reins aux bonzeries militaires des sectes Tendaï et Ikko qui ont combattu son ascension et sont, par leurs querelles, la source de désordres continuels. Il favorise lui aussi les chrétiens et leur commerce.

Entre ces intérêts divergents : quelques jésuites de bonne trempe qui profitent de cette débandade du bouddhisme. Ils ont appris la langue, l'écrivent un peu, connaissent l'étiquette, savent montrer une « face de bois » et naviguer avec le vent sans trop céder sur l'essentiel. Nobunaga, qui apprécie leur savoir, va jusqu'à les servir à table et les tue de questions sur la cartographie, la balistique et l'architecture navale. Ici et là, ils prêchent encore dans la rue, suscitent la controverse où, bons rhétoriciens, ils viennent sans trop de mal à bout de leurs adversaires bouddhistes, mais plient bagages lorsqu'ils voient surgir un de ces moines zen dont les questions sont si saugrenues et perfides qu'elles laissent le meilleur théologien *a quia*.

Que leur faut-il de plus ? De l'argent, de l'argent, de l'argent et le monopole de cette immense paroisse où les franciscains espagnols des Philippines, plus haïssables que les « gentils », essaient de mettre leurs pattes.

Avec ces objectifs en tête, le père Valignano, successeur de Xavier, envoie au pape et à Philippe II une ambassade de quatre chrétiens japonais de bonne naissance et de bonne mine. Il les choisit jeunes — quatorze ou quinze ans — pour qu'ils supportent mieux les rigueurs du voyage, soient plus impressionnés par le spectacle qu'on leur prépare, et puissent témoigner plus longtemps des merveilles qu'ils ont vues. Et, pour donner plus de lustre à ces émissaires (quatre enfants, un père portugais comme nourrice et un domestique chinois), on les présentera à l'Europe comme « fils des rois du Kyushu ».

Au printemps 1582, le bateau quitte la côte japonaise.

Les mères, persuadées qu'elles ne reverront plus leur progéniture, s'autorisent quelques larmes. Ici et là, les cloches sonnent. Il y a cent cinquante églises au Japon et bien deux cent mille convertis de tout rang : des misérables paysans du Sud-Ouest qui peuvent à peine attendre ce Paradis promis après la mort jusqu'au « roi du Bungo », un chrétien si convaincu qu'il organise des battues pour traquer les bonzes sur ses terres et les abattre comme du gibier.

Pendant les dix ans que dure l'aller-retour, les

premiers Japonais à visiter l'Europe tiennent un journal dont les jésuites tireront plus tard une sorte de « dialogue moralisé ». On sait ainsi ce qui les frappe et comment ils ont passé leur temps. En route, ces enfants se découvrent une passion qui sera pour le Japon plus durable que celle du Christ : la musique occidentale.

A Macao, pendant neuf mois d'attente, ils font du latin... et travaillent le clavecin, qui semble les ravir. A Cochin, à Gao, où ils sont superbement reçus, encore du latin... et du luth, du hautbois, de l'épinette. Pendant l'interminable circumnavigation d'Afrique ils pêchent des poissons volants... et étudient le contrepoint et l'harmonie, choses qu'ils disent déjà « fort appréciées des Japonais ». A Evora, l'archevêque fait célébrer en leur honneur une grand-messe dont les accents polyphoniques ont dû leur faire dresser l'oreille.

A Rome, en robe de samouraï et sabre au dos, ils chevauchent à travers un concours de peuple immense à l'audience de Grégoire VIII, qui leur témoigne une affection débordante et fait couper par son tailleur quatre pourpoints à fraise pour que personne ne s'avise de rire d'eux.

Au milieu de ces fastes, honneurs et cavalcades, ces diplomates enfants conservent une impassibilité qui méduse les Italiens. Mais s'ils ont la tête roide, ils ont les yeux mobiles ; peu de choses leur échappent, et, lorsque les plus matois des magistrats vénitiens les interrogent en latin sur ces routes de mer qu'ils ont prises et dont les Portugais gardent le secret, ils ont vite fait de flairer quelque piège et personne n'en peut tirer un mot. On les traîne d'un chef-d'œuvre à l'autre, le Tintoret commence leur portrait ; mais ni la « grande peinture » ni l'architecture de marbre des palais et des dômes ne leur en imposent beaucoup. Ce qu'en bons Japonais ils relèvent et mémorisent, ce sont les mécanismes, les outils, les techniques ; bref, tout ce qu'ils peuvent utilement reprendre chez eux. Dans ce tour triomphal d'Italie, ce qui — après l'établi des luthiers — les intrigue le plus, c'est le tour de main des verriers de Murano, et une serrure à secret que la duchesse de Florence a dû — tant ils en avaient de plaisir — faire fonctionner devant eux à plusieurs reprises.

Pendant deux ans l'Europe entière parle des « rois venus d'Orient ». La Contre-Réforme retire avantage de ces paroissiens des antipodes dont la gravité impressionne, et les huguenots se désolent que d'aussi bons catéchumènes ne soient pas venus chercher chez eux « les véritables lumières ».

En 1592, les ambassadeurs — ce sont maintenant des hommes — regagnent le Kyushu, couverts des bénédictions les plus hautes. Valignano a obtenu du pape le bref qui le débarrasse de ses concurrents franciscains... mais trop tard, car le premier édit de proscription contre le christianisme est déjà vieux de cinq ans, et son évêché flambant neuf n'a plus qu'une génération à vivre.

Dans leurs bagages, Miguel Seïmon, Martin Hara, Mancio Iti et Julien Nakaura ramènent aussi — n'en doutez pas — quelques partitions, quelques instruments de musique, et deviennent à leur insu les précurseurs du *Karasiku* (la musique classique), cette religion qui règne aujourd'hui sur le Japon des « hi-fi », des « coffee-music » où la *Symphonie pathétique* ne coûte que vingt yens en sus de la consommation, et dont les prophètes, du bienheureux Palestrina à saint Beethoven, sont entrés tout droit et sans tapage dans l'auguste Panthéon japonais.

Mais c'est le propre des longs voyages que d'en ramener tout autre chose que ce qu'on y allait chercher.

## *Shimabara, 1638*

C'est mal allé. Ça ne pouvait pas bien aller. Entre jésuites et Japonais, on s'était épris sans se comprendre.

Le successeur d'Oda Nobunaga s'appelle Hideyoshi. C'est un roturier, grand capitaine, un esprit assez noble. Il voit l'utilité du commerce extérieur, apprécie le caractère des pères portugais, les invite aux formidables « parties » qui font froncer le sourcil à tout ce que Kyoto compte de « gens de goût », et, quand il n'est pas trop soûl, les tue de questions pertinentes. Mais il voit les Espagnols à Manille et les Portugais à Macao avec leurs canons et leurs vaisseaux de haut bord. Il voit les jésuites du Japon entrer dans quantité d'intrigues locales, réserver les profits du commerce d'Occident aux daïmyos convertis, et le Kyushu à deux doigts de devenir un « royaume chrétien ». Les franciscains sont finalement parvenus à s'introduire dans le pays, disent pis que pendre du travail de leurs devanciers et refont pour leur compte toutes ces erreurs embarrassantes que les premiers on cessé de commettre. Sans compter cette ambassade japonaise qui est allée « payer tribut à Rome », une chose qui fait ici la plus mauvaise impression.

*Introduis l'étranger chez toi, et il t'aliénera ta propre maison,* dit un proverbe, auquel Hideyoshi commence à donner raison.

Alors il agit.

Son premier édit donne vingt jours aux pères pour quitter le pays sous peine de mort, et précise que les navires de commerce sont toujours bienvenus. Il n'est d'ailleurs pas appliqué : c'est un coup de semonce, une invitation à se montrer discret. L'Eglise du Japon n'en tient pas compte et redouble d'efforts et de turbulence. En 1597, second avertissement : une vingtaine de pères étrangers et de catéchumènes japonais sont, pour l'exemple, crucifiés à Nagasaki.

Pendant vingt ans environ, les édits de proscription se multiplient sans entrer en vigueur ; l'Eglise continue à s'étendre et les nouveaux convertis japonais prennent la file pour un martyre qui se fait attendre. Hideyoshi et ses successeurs cherchent sans le trouver un *modus vivendi* avec les jésuites et coexistent dans l'ambiguïté la plus totale. Ainsi, afin de regonfler leur trésorerie, les pères se livrent pour leur compte au commerce de la soie chinoise et s'y montrent si adroits qu'à plusieurs reprises Hideyoshi — qui les a interdits de séjour — les prie de bien vouloir « agioter » pour son compte. Ils s'exécutent... pendant qu'ici et là on exécute leurs ouailles, et que chaque martyr leur vaut dix nouveaux convertis.

Au début du XVIIIe siècle, l'arrivée des Hollandais dans les mers d'Extrême-Orient prive les jésuites d'un de leurs meilleurs atouts. Car les marchands de l'*Oost Indische Companiie* s'empressent d'offrir le commerce sans le goupillon. On peut désormais jouer sans ménagement les *Komojin* (poils rouges de Hollande) contre les *Nambanjin* (Barbares du Sud) hispano-portugais.

En quinze ans de persécutions massives, la chrétienté japonaise est détruite. On renie Dieu ou on meurt sur la croix, dans l'huile bouillante, dans la lave des volcans du Kyushu... cela avec un empressement, un courage, un mépris de ce bas monde qui édifient et médusent l'Occident. C'est que, dans l'éthique japonaise, mourir pour son seigneur est dans l'ordre des choses : même un vaurien connaît cette règle-là. A plus forte raison quand le Seigneur est déjà mort pour vous. Aux yeux des convertis japonais, le Christ est devenu le daïmyo suprême, et l'ensemble des « obligations » d'une société qui en impose beaucoup s'est déplacé à son profit. Etre martyr, c'est s'acquitter un peu. Il n'y a presque pas d'apostats, que l'on fait d'ailleurs abjurer « par le Père, le Fils, le Saint-Esprit, la mère de Dieu et tous les anges... », c'est-à-dire par l'instance qu'ils ont, sans souci du « Bien général », placée au-dessus de toute autre.

C'est en 1637, dans la péninsule de Shimabara, que le dernier acte se joue. Là, des chrétiens mêlés à des paysans faméliques (une trentaine de mille en tout) et conduits par quatre samouraïs baptisés s'emparent d'un dépôt de riz puis d'une forteresse où ils soutiennent un siège de deux mois contre une immense armée de métier. Lorsque le château tombe, tous les survivants (hommes, femmes et enfants) sont massacrés. Ce sont les canons d'une corvette obligeamment prêtée par l'*Oost Indische Companiie* qui ont ouvert la première brèche, repayant aux antipodes, et sur le dos d'autrui, la monnaie de la terreur espagnole des Flandres.

Cette même année un édit impérial établit que :

*Aucun navire japonais quel qu'il soit n'est autorisé à quitter le pays, et ceux qui contreviendront à ces ordres mourront. Tous les Japonais qui reviennent de l'étranger seront aussitôt mis à mort...*

On interdit de mettre en chantier des bateaux de haute mer et des guetteurs sont placés sur les collines du Kyushu pour signaler les voiles suspectes.

C'est fini. Il n'y a plus de chrétiens ni d'Eglise au Japon, sauf quelques familles villageoises qui parviennent, à force de ruse, à conserver à travers deux siècles et demi les rudiments du culte marial.

Il n'y a plus d'étrangers au Japon, sinon la petite communauté chinoise de Nagasaki et une poignée de marchands hollandais parqués comme des lépreux sur un îlot de la baie d'où ils se livrent, sous rigoureuse surveillance, à un commerce immensément profitable avec Canton, l'Inde et Amsterdam.

Mais il est difficile de refermer une porte autrefois grande ouverte, et il se trouve encore à Nagasaki quelques Japonais assez curieux des sciences pour acquérir un de ces livres d'Occident que les jonquiers chinois importent en contrebande au péril de leur vie. Parfois, entre un almanach astrologique ou un traité d'anatomie, les contrôleurs du port saisissent le petit *Catéchisme chinois* des jésuites de Pékin. Vendeur et acheteur sont alors pendus... ou crucifiés, car les autorités qui ont supprimé cette doctrine périlleuse en ont comme par inadvertance conservé l'emblème, et ont ajouté à l'arsenal déjà bien fourni de leurs tortures, ce supplice qu'ils jugent pratique, expéditif et surtout exemplaire.

Dans les deux siècles qui suivent, ce Japon, sur lequel l'Europe s'est si vite attendrie et dont elle n'aura connu que la politesse, la porcelaine et les martyrs, va presque entièrement s'effacer de l'imagination occidentale.

Prenez la littérature du XVIIIe siècle : elle fourmille de Hurons, d'Incas, d'Hottentots, de Persans, de Chinois, de Mameluks, d'« Orientaux sages » ou de « Bons Sauvages » théoriques, pétards que les philosophes glissent sous le trône des rois ou sous la chaire épiscopale. On y trouve de tout, et même Confucius, le « Socrate chinois ». Mais pas un Japonais.

Pendant ce temps, retranché derrière ses édits, sa ceinture de typhons et de vagues, le Japon des Tokugawa médite sur l'échec d'une affaire pourtant si bien emmanchée, transforme l'Etranger en bouc émissaire ou en épouvantail et se jure bien qu'on ne l'y reprendra plus.

## IX

## LE CAHIER GRIS

COMME je m'en revenais vers la maison, le spectacle à l'épicerie d'une grosse mouche noire faisant toilette sur une éclatante pyramide d'œufs frais m'a soudain rempli d'une gaieté inexplicable. Sentiment que moi-même j'allais sortir de l'œuf. Je suis allé boire du saké chez les deux Coréennes qui tiennent entre les escaliers de Shimogamo et les sureaux du petit cimetière un bar grand comme un buffet normand. La fille et la mère : des visages de sioux, des peaux mates et parfaites tendues sur de fortes pommettes, des yeux d'obsidienne impertinents et gais, des dents superbes. Toutes deux l'allure de magiciennes ou de renardes réincarnées. Ce matin, la tête un peu dolente et l'esprit clair. J'ai posé ma vieille peau quelque part dans l'étendue du sommeil. La nouvelle est encore douloureuse et fragile mais il y aura certainement moyen de vivre à l'aise quelques années dans cette peau-là ; l'autre n'allait vraiment plus. J'ai trouvé sur la table du déjeuner une aquarelle encore humide représentant trois kakis : Eliane s'est remise à peindre. Excellent signe. Comme je souhaite qu'elle se fasse à ce pays que j'ai tant aimé.

Il pleut à verse sur les feuilles neuves, la lumière change à chaque instant. Le ciel est comme une éponge lumineuse qu'une grande main presse et relâche. Cette nuit j'ai vu en rêve toute l'histoire japonaise alignée comme une suite d'images d'Epinal aux couleurs acides, avec ici et là un gros plan sur un figurant, sur un visage stupéfait ou contrit. A peu près ce qu'un enfant verrait dans une lanterne magique.

*Kyoto, avril 1964*
***(à un spectacle de no de l'école Kongo)***

La salle est petite, sombre, patinée comme un chaudron, le sol natté luisant dans la pénombre. Le public : vieilles et vieux, crânes poncés, chignons tirés sur des calvities qui brillent. Visages de femmes pleins d'espièglerie, de rides et de sérénité. Les hommes, l'air plus engourdis, fort savants, un peu mités. Tous suivent et murmurent à mi-voix la partition ouverte sur leurs genoux. Ce fredon répond aux acteurs, les accompagne et lie plus étroitement la scène à la salle que les « répons » ne lient le prêtre catholique à ses ouailles. Avec cela, aucun empois, aucune gêne : à tout moment ces spectateurs quittent leur place, trottent vers la sortie sur leurs chaussons d'étoffe, un peu voûtés pour ne pas déranger, prennent l'air, le thé, fument, puis reviennent tout aussi discrètement pour ne pas manquer une réplique ou un récitatif particulièrement attendu et goûté.

... Une châtaigne pétant sur la braise, un grillon furibond chantant dans la farine font-ils de la musique ?

En écoutant pour la première fois celle du no, je me suis posé la question. Outre le chœur des récitants, une flûte traversière et deux tambourins en forme de sablier constituent tout l'orchestre. Lorsque le livret l'exige, on ajoute un tambour plus gros. Il faut voir ces deux tambourinaires, leur instrument posé sur l'épaule ou sur les genoux : au prix d'un grand effort la main droite se détache de la peau, les doigts se crispent, la pomme d'Adam monte et descend, toute l'attitude suggère une tension intolérable qui se défait en un faible gémissement. Puis la main retombe, mais ce n'est pas à tout les coups qu'elle frappe, et quand elle frappe c'est faiblement, avec des doigts de laine. « Rien de trop », voilà ce qu'au XVe siècle a écrit Zeami, qui est un des fondateurs du no. Parfois un cri presque animal, une sorte de « yoooup ! » étranglé, précède le son du tambour. Ce mélange incongru ne fait pourtant pas rire. Le plus étonnant est que ces musiciens aux allures de suppliciés, ces récitants immobiles, doigts serrés sur l'éventail, qui vous décochent par rafales un texte que je ne comprends pas, cette musique si lente, si péniblement arrachée, possède un tel pouvoir incantatoire, une magie si souveraine que l'auditeur étranger, à peine revenu de sa stupeur, est proprement « emballé », emporté par plus fort que lui dans l'espace nocturne et raréfié du no.

J'étais mal disposé pourtant : quelques « connaisseurs » et raseurs ésotérisants m'ayant gâté le plaisir à l'avance en m'assurant qu'ignorant comme je l'étais je ne tirerais rien du spectacle (avez-vous déjà bu une bouteille avec un connaisseur en vin ? c'est un supplice). Prévenu donc et sur la défensive, mais passé une demi-heure j'étais enlevé à moi-même par la qualité que j'attendais le moins de ce théâtre : la puissance.

Voilà cinquante ans Claudel écrivait : « La tragédie c'est quelque chose qui arrive, le no c'est quelqu'un qui arrive. » Cet arrivant gagne la scène par un passage visible de la salle. On l'appelle le *Shite*, il incarne un dieu des Enfers, un bodhisattva, un Démon, une Ame en peine, etc. Il porte un masque, souvent terrible ; son costume — des toises de brocart cassant — est d'une indicible et sinistre élégance. Ce personnage dont un tambour spécial signale l'approche et qui s'avance sur ses chaussons blancs avec une lenteur de cauchemar représente l'outre-monde du no. Celui qui l'attend sur scène, visage découvert, est un humain : prêtre vagabond, impératrice entrée en religion, femme à la recherche d'un disparu. C'est le *waki*, il se tient à la frontière de deux mondes, prêt à donner ou à recevoir une paix très longtemps attendue. Son costume — j'allais dire son plumage — est plus modeste, comme celui de la femelle chez les grands paradisiers. Il explique et prépare le public à l'apparition dont il va être le témoin et pour laquelle il représente peut-être la délivrance. Cette attente est très chargée, on ne sent pas passer le temps et la venue du *Shite* est un véritable dénouement. Scéniquement et spirituellement, le no dénoue. C'est un moyen libératoire.

Cette première fois j'ai somnolé par instants, suis à plusieurs reprises sorti me dégourdir les jambes ; chaque fois que je retrouvais la scène, la chevelure rousse et démoniaque du *Shite* (dans ce no, un gardien des Enfers), le chœur et ses voix d'outre-tombe, j'étais aussitôt remis dans le courant. *Le no* — écrivait encore

Zeami — *est comme une nuit au cœur de la journée.* Ou comme le silence d'une bouche fermée par la neige.

*Le théâtre no. Tokyo, mai 1965*

Ceux qui pratiquent cet art noble vivent à l'écart, obscurs et concentrés comme des carpes centenaires sous quinze brasses d'eau noire. Après m'être suffisamment exercé les poumons j'ai fini par me faire un ami dans le no. Nous nous sommes écrit plusieurs lettres avant d'échanger un regard : à cette profondeur-là il ne faut pas brusquer les choses. Il en a profité pour m'informer de son âge et établir ainsi qu'il était mon aîné. La séniorité a ici beaucoup d'importance. Cela réglé, tout est allé très aisément. D'autant plus qu'il souhaite améliorer son français, qu'il parle avec infiniment de lenteur et de préciosité. Il est venu me recevoir en linge de corps et caleçons longs dans l'antichambre où il fait attendre ses hôtes. Un étroit visage spectral aux orbites profondes, d'interminables mains blanches qui flottent comme des algues à la hauteur de sa bouche pendant qu'il construit ses phrases soigneusement, par petits morceaux. Il est septième du nom dans une illustre dynastie d'acteurs de l'école Kanze. Il a dû reprendre le métier de son père, les costumes et les masques du patrimoine familial, et son fils en fera autant. Il m'emmène dans la coulisse pour me présenter ce successeur auquel on essaie la tenue du prochain spectacle. L'enfant a six ou sept ans, un visage lisse comme un marron, des yeux d'une gravité et d'une mélancolie déjà professionnelles. Il est agenouillé immobile et porte une magnifique crinière noire de démon.

— Ce sont les poils d'un coursier funèbre, dit le père qui ajoute : Peut-on dire ainsi ?

— On dit crins, coursier funèbre c'est très littéraire.

— Oui, les crins d'un coursier funèbre.

Dans le no, on n'emploie que des termes nobles, et des formules de politesse qui n'existent plus nulle part au Japon.

Lorsqu'il cherche un mot, mon ami réfléchit et attend ; cela peut durer quinze ou vingt secondes. C'est bien ainsi, j'ai tout mon temps. Lorsqu'un doute l'effleure, il me demande :

— Futur simple de pouvoir ?

— Je pourrai, tu pourras, il pourra.

— Non ! plus poli.

— On n'est pas plus poli.

Comme pour s'excuser de n'être que « Grand Chambellan de la Gauche » ou fantôme d'un guerrier célèbre, les personnages du no, fléchis sous leurs merveilleux costumes, commencent par vous offrir leur généalogie et leur itinéraire : « Je suis le spectre de... gendre de... du clan de... venant de... allant à en passant par... », et déplient pour vous la froide et mélancolique géographie du Japon d'autrefois : Bungo, Echizen, Matsu, Oku, les provinces qu'ils ont traversées, les abîmes, les cols, sous la bourrasque ou sous la neige car au rythme du no les voyages sont si lents que toujours l'hiver vient vous surprendre en route. On progresse à petits pas dans une sorte de Tibet mental.

Thème de no : un voyageur fatigué s'endort près d'un puits ; l'ombre d'une femme qui s'y était autrefois jetée en sort et danse l'amour malheureux qui l'a conduite à cette fin. Le voyageur se réveille, inexplicablement remué par ce rêve qui — on le sent — va le faire cheminer vers son éveil spirituel. Avec cela on vous tient facilement deux heures en haleine. J'aime beaucoup cette économie et, après tout, une vie humaine contient-elle vraiment plus que cette trajectoire-là ? Le reste n'est que péripéties, qu'on a bien raison de ne pas porter à la scène.

Pas besoin d'être grand clerc pour être ému et ravi par le nô. Deux choses cependant : savoir qu'il est plus lent que tout ce que le mot lenteur suggère à l'Occidental et se procurer une traduction du texte (il en existe pour tous les nos majeurs) qui est souvent d'une très grande poésie. Quant au style des masques, façons de frapper le tambour, variantes d'écoles, ce sont des finesses d'érudits qui n'ajoutent pas plus au repas que le nom des plats pour qui a faim. En revanche, une connaissance empirique du bouddhisme japonais, acquise sans le vouloir en traînant dans les hôpitaux de nuit, les gares de province — le bouddhisme est aussi là —, les petits temples campagnards où le bonze somnole sur sa bouteille de bière, bref, dans tous ces lieux un peu déshérités qui rappellent ce que ce monde a de transitoire et de douloureux..., cette connaissance-là contribuera beaucoup à votre plaisir.

# X

## PAX TOKUGAWA

UN pays d'accès difficle et qui se met lui-même en quarantaine. Le cas n'est pas nouveau : l'Empire chinois s'est lui aussi fermé et a fait savoir, au XVIIIe siècle, aux ambassadeurs d'Angleterre qu'il n'a « jamais eu le plus léger besoin des produits de l'industrie de leur pays ». Cette suffisance n'est pas dans l'esprit japonais. Ils ne s'isolent pas par orgueil mais par prudence. Au début, ce repliement, cet aveu de faiblesse leur réussit fort bien. Les premiers Tokugawa, ou leurs conseillers, sont de fins politiques qui exploitent au maximum le moralisme de leurs administrés.

*Négligez les plaisirs et consacrez-vous aux tâches ingrates* : voilà le premier commandement de ce nouveau régime — un des plus policiers que l'histoire ait connu. Et cela paie. Le shogun (souverain temporel) déplace sa cour à Edo (Tokyo) pour échapper aux intrigues de l'ancienne capitale et surveiller les feudataires du Nord. Il oblige tous les grands féodaux à y laisser leur famille en otage. Il interdit qu'on lève des cartes ou qu'on améliore les routes, pour entraver les mouvements d'éléments séditieux. Le Japon est semé de ces barrières, contrôles, octrois familiers à tous les spectateurs des films historiques japonais. Le trafic côtier et fluvial s'en trouve accru d'autant, les guildes de mariniers s'enrichissent, et les marchands, race méprisée, auxquels les édits somptuaires interdisent de porter de la soie, thésaurisent, prêtent aux nobles et étendent secrètement leur pouvoir. L'unité nationale est faite et la paix profite aux récoltes ; mais on tond les paysans autant qu'on les flatte, on leur apprend que la vertu exige qu'ils travaillent plus et qu'ils mangent moins. Et ils obéissent, faisant les frais de cet équilibre précaire. Il y a une immense population de samouraïs sans emploi qui ne savent que faire de leur sabre et de leur temps et qu'on dirige tant bien que mal vers les arts domestiques : cérémonie du thé, arrangement de fleurs, la culture maraîchère et, surtout... l'étiquette.

Formalisme, conservatisme ultra, codification, contrôle de la pensée. L'espionnage politique élevé au rang des beaux-arts... et cela marche. Tout le pays travaille, tout le pays est caporalisé, hiérarchisé, jusqu'aux bordels où l'on distingue quatre rangs de courtisanes. Si les philosophes d'Occident pouvaient voir fonctionner cette étrange mécanique, ils en perdraient le sommeil.

Mais on ne le sait pas. Pour cette époque, un seul témoin occidental, le médecin allemand Kaempfer, qui, à la fin du XVII^e^ siècle, administre émétiques, tisanes et clystères aux marchands de l'*Oost Indische Companiie* parqués dans l'île de Deshima. Il note tout ce qu'il peut apprendre, et son énorme *Histoire du Japon* est encore précieuse aujourd'hui. C'est un fait que les bons livres de voyage — voyez Polo, Bernier, Tavernier et Chardin — sont souvent écrits par des gens qui touchent au commerce. Vente, achat, bénéfice sont les premiers mots du vocabulaire international, et l'âpreté mercantile évite à l'observateur ces engouements benêts qui vont bientôt fleurir dans la littérature quand les poètes se mettront à voyager. Avec un commerçant, pas d'envolées à craindre. Encore moins avec ces négociants d'Amsterdam, têtus et apoplectiques, que le barbier saigne et que le ministre exhorte une fois la semaine, qui risquent bravement leur gidouille sur les plus mauvaises mers du monde et dont les trognes ont obligé Franz Hals à user tant de vermillon. Aussi longtemps qu'ils peuvent importer la soie chinoise et exporter le cuivre japonais, ils acceptent de bon cœur toutes les tracasseries — fouilles, interrogatoires, isolement — auxquelles les Japonais les soumettent. Les affaires sont les affaires, et les bénéfices énormes. Kaempfer peut bien commettre les erreurs de sa croyance et de son temps, prendre le Bouddha pour un « nègre imposteur venu d'Egypte » et le Shinto pour la caricature d'une révélation authentique que les Japonais auraient reçue sous la tour de Babel, il ne se trompe ni sur la nature du pouvoir ni sur le civisme sans exemple qui le rend efficace. Dans son tableau c'est l'admiration qui l'emporte ; une île riche en or et en argent, qui se suffit à elle-même, l'excellence de ses produits, la discipline et la frugalité d'une population qui pousse la propreté jusqu'à la maniaquerie, un pouvoir omniprésent, une police efficace, une justice expéditive, cette alternance d'honnêteté et de tartuferie employées toujours à propos, bref, l'Etat le mieux gouverné du monde. En somme, il a très bien compris. Une réserve intéressante : *Si l'on examine le champ de leurs connaissances, la philosophie ne serait pas au rendez-vous.* Il a raison. Il n'y en a pas. Il n'y en a peut-être jamais eu. Ce qui en tient lieu, c'est un confucianisme adultéré promu morale d'Etat et qui, à force d'être mis à toute sauce, s'est vidé de sa substance.

Un pays — même aussi frugal que le Japon — ne peut pas vivre sans idées. Au XVIIIe siècle, à la stabilité succède la sclérose : un moralisme hypocrite et chicanier, un immobilisme chagrin, des exhortations à la vertu d'autant plus véhémentes qu'elles sont moins suivies. On passe malaisément de l'étalon riz à l'étalon monétaire, avec des fluctuations qui font gagner les usuriers et ruinent les cultivateurs. Les campagnards, écrasés d'impôts, n'ont plus d'autre recours que la jacquerie, et il se trouve toujours quelque samouraï en chômage pour en prendre la tête et y laisser cette peau qui ne trouve plus de maître. On renouvelle périodiquement les édits contre l'étranger, entretenant ainsi une xénophobie commode mais bien théorique, puisque les derniers « Barbares » sont les Hollandais confinés à Deshima, que quelques intrépides viennent trouver en secret en vue de s'instruire. Pour les Japonais de l'époque, tout le savoir du monde extérieur tient en un mot, *Rankaku* (les sciences de Hollande), et les premières qu'on désire acquérir sont — vous l'avez deviné — la chirurgie militaire et surtout la *balistique*. Plus qu'aux idées qui trompent, les *Rankakujin* (Hollandisants) font confiance aux trajectoires qui ne trompent pas. Pour le moment, celles de l'Occident et du Japon sont divergentes : à quelques minces exceptions près, il ne savent plus rien l'un de l'autre, et quand, en août 1853, les corvettes américaines du commodore Perry forceront le Japon à s'ouvrir au commerce extérieur, on chercherait vainement un coin civilisé de la planète dont on soit plus mal informé.

# XI

## LE TEMPS RETROUVÉ
## 1854-1944

*Le monde est tel que les Barbares l'ont fait, et il nous faut utiliser leurs armes.*
(Un personnage des *Trois Bambous*, par R. Standish)

LE 11 février 1854 on retrouve, mouillés dans la baie d'Edo, ces vapeurs noirs contre les canons desquels le sabre, l'arrogance et les pétoires rudimentaires des samouraïs ne peuvent rien. Perry est revenu chercher une réponse. Sur les quais, au Palais shogunal, c'est la panique, et force est bien de s'incliner.

L'Amérique fait ouvrir des ports à ses navires et installe un consul à Shimoda. Les Russes, survenus peu après, s'en font ouvrir trois autres et s'attribuent les îles Kouriles, dont la possession était contestée. Puis les Anglais ; plus tard la France. Seuls les Hollandais, beaux joueurs, offrent en compensation des avantages qu'ils exigent une frégate à vapeur flambant neuve. Mais ces Barbares-là, voilà deux cents ans qu'on les connaît.

Six ans plus tard, une délégation japonaise va

ratifier aux Etats-Unis le traité qu'on lui impose. Les ambassadeurs sont médusés par cet Eldorado énergique et grossier où l'on manque à chaque pas de perdre la face, stupéfaits par les proportions du paquebot *Great Eastern* et sidérés par le tumulte des débats au Congrès, qu'ils comparent dans leurs récits à la criée du poisson au grand marché d'Edo. Au premier banquet officiel, la présence de larbins derrière leur siège leur paraît si insultante (dans l'étiquette des samouraïs, placer un homme *dans le dos* d'un invité est une offense mortelle) qu'ils se consultent en japonais pour savoir s'ils ne vont pas chercher leurs sabres au vestiaire et pourfendre ces grandes volailles en livrée vert et or. Mais il y a des cas où l'honneur peut attendre. Le traité prévoit un maximun de 5% de taxes à l'importation, et le droit d'installer dans les principaux ports des résidents, soustraits — c'est le plus humiliant — à l'autorité de la justice japonaise. Les autres puissances obtiennent des conditions presque identiques ; le commerce de l'Occident ruine bientôt une économie déjà malade, et alimente une xénophobie qui n'en n'avait pas besoin.

Bref, les Barbares s'installent et en prennent à leur aise... tout cela parce qu'on manquait de batteries côtières, parce que ceux qui auraient su les installer croupissent en prison pour avoir lu les livres hollandais, et qu'il y a quelque chose de pourri dans l'empire d'Amaterasu.

Le Japon va y remédier avec une diligence que l'Occident n'avait pas encore rencontrée sur sa route. Dans le Kyushu, les grands clans fourmillent d'hommes remarquables — certains initiés aux « sciences de Hollande » — qui ont toujours considéré le shogun comme un parvenu et un imposteur. Ils se soulèvent contre lui, rossent son armée, remettent en selle et restaurent dans l'imagination populaire un empereur dont plus personne ne se souciait, et l'installent à Tokyo. Parce qu'ils révèrent ce symbole de la grandeur nationale, et parce qu'ils ont besoin de cette référence suprême pour galvaniser les énergies et faire admettre les réformes qu'ils projettent. En un tournemain tous les édits « rétrogrades » sont abolis, les fiefs des féodaux remis à la Couronne ; et les samouraïs, privés de leurs deux sabres, fournissent d'excellents cadres aux ministères, à l'administration civile, aux entreprises naissantes. En avril 1868, le jeune empereur Matsuhito, qui vient d'ouvrir l'ère *Meiji* (gouvernement éclairé), déclare à ses sujets que *pour le salut de l'empire, le Savoir sera recherché partout où il se trouve.*

La Restauration, commencée au cri de *Sonno joï* (honneur à l'empereur et expulsion des Poils rouges), se poursuit par un programme plus réaliste ; inviter les Poils rouges et surprendre leurs secrets. Détester l'étranger est une chose... mais on s'est morfondu dans le Japon sans recul des derniers Tokugawa, et c'est assez volontiers qu'on se met à son école. Et cette fois le temps presse.

Dans la vie quotidienne, les sentiments, le travail, le rythme japonais est fait d'une alternance de temps morts — sortes de nappes de rêveries — et d'accélérations foudroyantes. Dès la première année de Meiji on accélère :

— 1869 : une réforme agraire. Le premier télégraphe se met à bourdonner ;

— 1870 : les premiers phares installés par l'Anglais Brunton entrent en service sur les côtes ;

— 1871 : le premier tribunal de style occidental, et une armée de conscrits qu'on instruit « à la française » ;

— 1872 : un arsenal naval, le chemin de fer Tokyo-Yokohama, un service postal et l'instruction obligatoire.

Pas sans secousses, évidemment. Les paysans, par exemple, ne veulent rien savoir de ces modes barbares, si souvent brandies comme des croquemitaines et auxquelles on entend soudain les convertir. La pose d'un câble électrique leur apparaît comme une sinistre opération de « magie chrétienne » qui va s'accompagner de sacrifices humains... et ils se révoltent. Quand les *eta* — une catégorie de parias — sont promus « nouveaux citoyens », les campagnards du Nord, qu'on prive ainsi des seuls inférieurs qu'ils avaient, perdent la tête et se soulèvent. On leur dit : « Sa Majesté impériale le veut ainsi... » Quand cela ne suffit pas, on envoie la troupe, qui a justement besoin d'exercice, et les réformes passent.

Tout cela, qui est entièrement nouveau, accompli en moins de cinq ans ! C'est la réponse aux canons de Perry. C'est la première fois aussi qu'un pays d'Asie a relevé le gant.

Asakusa, dans le nord de Tokyo, est un de ces quartiers de plaisirs comme seules les grandes villes d'Extrême-Orient en possèdent. Lampions de papier, tirs à l'arc, acrobates et astrologues, marchands de beignets, d'aphrodisiaques, de passereaux confits au sucre embrochés sur des éclisses de bambou, calligraphes publics, conteurs de rue qui scandent leurs histoires avec un phallus en bois, rangées de lupanars.

Autour des années 1875, on peut aller y voir le Monde extérieur en posant ses yeux sur l'oculaire d'une sorte de lanterne magique et en actionnant, avec l'émoi qu'on devine, la pédale qui fait changer les plaques. Il y a toute une rangée de ces machines, cela ne coûte qu'un *sen* (le prix d'un bol de riz) et cela fait fureur. Voilà — selon un chroniqueur de l'époque — les images qui défilent :

*Le pont d'acier de Londres est plus long qu'un arc-en-ciel. Le palais de Paris* ( ?) *est plus haut que les nuages. Un général russe furibond tire sur la moustache d'un soldat... Une dame italienne couchée embrasse son chien. Un ballon libre s'envole dans le ciel. A la dernière machine on peut voir la déesse de la Beauté reposer nue sur son lit ; sa peau est d'une blancheur éclatante, sauf un grain de beauté en dessous du nombril. Il est vraiment regrettable qu'une de ses jambes, repliée, nous dérobe le plus intéressant...* (Traduction de D. Keen.)

Si l'on pouvait, pour un *sen* de plus, regarder maintenant dans la tête du spectateur — qui a peut-être déjà troqué son ombrelle de papier contre un parapluie à baleines —, on y trouverait, au centre d'un carrousel de « nouveautés » stupéfiantes, de mécaniques mirifiques et de notions *western style* qui donnent encore le tournis, cette obsession que tout le pays partage : être « reçu à l'examen de l'Occident » et faire réviser ces traités humiliants. On est prêt à acheter l'équipement nécessaire : un peu de Darwin, un peu d'Adam Smith, un peu de droits de l'homme, et quelques prédicateurs américains si vous insistez... et s'il faut se déguiser en Européen pour avoir le diplôme, qu'à cela ne tienne ! Tant pis si la redingote est trop longue, le tube peu seyant, le col dur détestable et les chaussures douloureuses, surtout après la mazurka. Et tant pis si les idées nouvelles flottent encore plus que les habits. On fera les retouches à tête reposée. Ce qu'il faut surtout, ce sont des machines qu'on paie en thé et en soie naturelle, car c'est grâce aux machines que les Barbares ont pu dicter leurs termes ici.

Au lieu de compter jusqu'à dix en faisant rebondir leur balle, les fillettes de l'ère Meiji chantent une comptine aujourd'hui célèbre qui prouve les bonnes dispositions des Japonais pour la technologie : « ...Bec de gaz, machine à vapeur, paratonnerre (les Japonais ont horreur du tonnerre), télégraphe, etc. » Elles ne chantent pas « Jésus, Spinoza, Goethe, Lincoln, Voltaire... », et seraient-elles plus littéraires qu'elles citeraient des noms qui ne nous disent rien, parce que dans le domaine culturel les exigences sont moins précises ; on traduit ce qui vous tombe sous la main, et les premiers « succès » sont des manuels de soins domestiques, de médiocres romans victoriens qui plaisent parce qu'on y loue la vertu, puis — entre beaucoup d'autres — Rousseau, qui dit que la nature est bonne, Tourgueniev, dont la mélancolie rend un son familier, enfin Jules Verne, parce que les Japonais ne font pas les choses à moitié et que, s'il faut déjà penser « moderne », autant penser futuriste.

Pendant que le Japon s'intéresse si fort à l'Europe, celle-ci se soucie très peu du Japon... sauf les impressionnistes français qui sont tombés amoureux des étiquettes de caisses à thé embarquées à Yokohama. Ce sont des vignettes très ordinaires — et pour notre goût assez belles — auxquelles les Japonais n'accordent pas un regard. Ajoutons-y quelques « éventailleries » tardives et quelques estampes d'un mauvais coloris dont l'Europe va bientôt penser tout le bien du monde. C'est par le biais de cet esthétisme décadent et souffreteux que le Japon, si soucieux de technique, vient occuper dans la géographie idéale de l'Occident — *après* le Klondyke de la ruée vers l'or et la Prairie de Buffalo Bill — la case qui était si longtemps restée blanche.

Dans l'arsenal des conceptions occidentales, il en est une que les Japonais n'ont pas été longs à saisir : ceux qui ont des canonnières à vapeur peuvent « apporter le progrès à ceux qui n'en ont pas ». En 1876, ils emploient leurs premiers bateaux pour aller faire à la Corée « le coup du commodore Perry » et lui imposer un traité qui ressemble comme un frère à ceux qu'on leur a fait signer. En 1894, ils obtiennent enfin la révision de leurs propres traités dans une explosion d'orgueil national. La même année ils attaquent la Chine, qu'ils battent à plate couture sur terre et sur mer, et s'emparent de larges territoires que l'Allemagne, la France et surtout la Russie, qui a précisément l'intention de s'y installer, les obligent à rétrocéder dans « l'intérêt de la paix mondiale ». C'est une tartuferie insigne, et une belle formule que les Japonais sauront reprendre à leur compte. Mais on ne peut tout de même pas affronter tout ce monde à la fois et le Japon encaisse ce mauvais coup, en même temps que les deux cent trente millions de taels payés par les Chinois au titre des réparations, qui donnent un nouvel essor à l'économie et aux armements nationaux.

« Faites ce que vous voulez en Chine, mais bas les

pattes en Corée » : voilà en substance ce que la jeune diplomatie japonaise essaie pendant plusieurs années de faire comprendre à l'immense Empire russe. Vainement. Les Russes fortifient Port-Arthur, à l'extrémité de la péninsule de Liao-tung, où ils maintiennent une escadre, fortifient Vladivostok, sont pratiquement les maîtres en Mandchourie et poussent leurs exploitations forestières jusqu'aux rives du fleuve Yalu. Silencieusement le Japon se prépare à la guerre, avec le soin qu'il met aux affaires d'importance, il achète la dernière patente d'explosifs américains, installe sur ses navires le dernier type de sans-filie ; et l'amiral Togo — dont les Russes ignorent même le nom — se fait traduire les œuvres de son futur adversaire, l'amiral Makarov, et les apprend par cœur.

### *Février 1904, devant Port-Arthur*

La mer jaune est brumeuse. On peut mouiller à quelques encablures de la côte sans attirer l'attention. Le 5 de ce mois, un espion coréen quitte la citadelle à la nage, rejoint un chalutier japonais et lui apprend que, dans la nuit du 8, une réception sera donnée pour la femme de l'amiral russe : les officiers seront à terre et probablement ivres d'avoir bu à leur empereur. Cette nuit-là, une escadre de torpilleurs japonais attaque et met trois navires de ligne hors de combat. La guerre est déclarée le lendemain. Dans les semaines qui suivent, les troupes japonaises débarquant de Corée investissent la citadelle. La prise de Port-Arthur est une boucherie héroïque qui préfigure Verdun : cent mille morts dont cinquante-huit mille Japonais pour un périmètre de quarante kilomètres. Russes et Japonais se font tuer avec un grand courage : les uns leur icône au cou, les autres avec cette boîte qui porte déjà leur « nom posthume » et dans laquelle on renverra leurs cendres. Sur ce monceau de cadavres, Nogi, le général vainqueur, et Stoessel le vaincu échangent leurs chevaux blancs, geste auquel on trouve de l'allure et sur lequel la presse occidentale, qui a suivi le match, « épinalise » à perdre haleine.

« L'Ogre russe... David et Goliath... les Prussiens de l'Asie... le *Bushido* (les vertus militaires : un terme que les Japonais viennent de mettre au service de leur mystique nationale, du faux ancien sans contenu éthique bien défini), l'amiral Togo : un héros inscrutable, chargé de magnétisme et de mystère — alors qu'il s'agit d'un marin compétent, courageux, modeste jusqu'à l'effacement, bon rouage dans la machine, et qui dit carrément après sa victoire : « N'importe lequel de mes collègues en aurait fait autant. »

Pendant qu'on se paie de mots, de poncifs qui tiennent pourtant à l'estomac, et qu'on s'obstine à prendre pour des vessies les lanternes japonaises, le dernier acte de la guerre se joue dans le détroit de Tsushima. Là, au printemps 1905, Togo intercepte et détruit la flotte russe de la Baltique qui, après une misérable odyssée autour de l'Afrique, arrive exténuée, et trop tard, au secours de Port-Arthur. Une escadre fantôme : de vieux cuirassés retapés tant bien que mal et chargés jusqu'à la ligne de flottaison de mauvais charbon de Cardiff, des croiseurs « modernes » si bien arrosés de pots-de-vin qu'ils vont d'une avarie à l'autre, des équipages de paysans-matelots dévorés par le paludisme et le mal du pays, et des canons que les popes aspergent chaque jour d'eau bénite. La deuxième division russe est même déjà dirigée par un mort : le contre-amiral Falkersam vient d'être emporté par les fièvres et repose, coulé dans le ciment, son cercueil grand ouvert. Entre deux paires de cierges. Pour les Japonais, l'esprit d'un ennemi mort est autrement redoutable que l'ennemi vivant. Si les Russes connaissaient leur adversaire, ils répandraient par sans-fil l'histoire de ce cuirassé corbillard commandé par un fantôme… mais ils la tiennent absolument secrète. Par contre, ils ont peint leurs coques en noir pour « effrayer les Japonais » que cette couleur n'effraie pas et qui facilite le travail de leurs pointeurs.

Pendant trente-six heures, ces deux mondes qui ne se comprennent pas échangent sur des paraboles soigneusement calculées des obus qui font mouche. Et le soir du 27 mai, on peut voir dans les eaux froides de Tsushima des marins russes et japonais accrochés aux mêmes espars, fraternellemnt réunis par les mathématiques.

***« Tant qu'il y aura de nouveaux mondes à conquérir, le samouraï japonais s'en emparera »***
*(du journal* Nichi-nichi*)*

Si l'Europe lisait les quotidiens japonais, elle y trouverait après la victoire nombre de proclamations de ce style et s'apercevrait peut-être que le « nouveau David » a lui aussi bon appétit. Mais elle ne les lit pas.

Le Japon, lui, suit attentivement la presse européenne qui commente le moindre de ses gestes. Il mesure l'importance de ce test ; en fait, il passe sous l'œil de l'Occidental son dernier examen : celui de « bonne conduite ». Celle des troupes japonaises en Mandchourie et devant Port-Arthur est absolument exemplaire : les blessés russes sont admirablement soignés, les prisonniers traités humainement et mieux nourris que le fantassin nippon. Pas un seul cas de brutalité ou de pillage. De quoi faire rougir l'Europe, dont les contingents ont, quelques années auparavant, saccagé de façon imbécile la Cité interdite de Pékin.

Il y a de tout dans cette attitude : le respect qu'inspirent ces moujiks qui se battent comme des diables, la haute qualité morale de l'état-major japonais... et tout de même aussi le fait qu'on veut être « reçu avec la meilleure note ». (Parce que au même moment, avec cette Corée qu'ils occupent et qui, elle, n'est pas du jury, ils ne mettent pas tant de gants !)

Excellente impression. Même la Croix-Rouge y va de son compliment. L'élève japonais passe *maxima cum laude*. On lui tapote l'épaule... puis l'Europe s'arrange à le priver pour la seconde fois du bénéfice de sa victoire et à obtenir pour la Russie une « bonne paix » qui la dispense de payer un kopek au vainqueur.

Le Japon, exsangue, ruiné par son effort, manque de renverser son gouvernement, et l'empereur calme les esprits avec cette phrase devenue historique — car elle a resservi après Hiroshima : « Il faut accepter l'inacceptable et supporter l'insupportable. »

On supporte mais, de ce jour, on est bien convaincu qu'aucun étranger ne peut comprendre la vertu du pays, et aussi qu'en dehors du Japon les bonnes manières ne paient pas.

La suite est mieux connue : en 1914 le Japon déclare à l'Allemagne une guerre que la distance le dispense de livrer, double son tonnage et sextuple sa réserve d'or en servant d'armateur et de munitionnaire aux Alliés. En 1923, Tokyo, la plus grande ville du monde, est en pleine euphorie quand un tremblement de terre et surtout les incendies qu'il déclenche — on est en septembre et les *hibachi* (braseros) sont déjà allumés dans les maisons de bois — la détruisent de fond en comble. Cent mille morts à qui il faut ajouter quelques milliers de boucs émissaires — Coréens ou communistes japonais — auxquels la population sinistrée « fait la peau » dans une sorte de défoulement hystérique.

Avec les années trente viennent des temps exaltés mais sombres, dont bien des Japonais ont eu à pâtir : occupation de la Mandchourie, assassinat des politiciens libéraux et des généraux de la vieille école, épuration des universités, essor des empires industriels des firmes Mitsui, Mitsubishi, Sumitomo, etc., dont les machines tournent trop vite pour n'avoir pas besoin de main-d'œuvre à bas prix, de marchés nouveaux, de conquêtes. Le mikadoïsme (Shinto impérial) détourné au profit de militaires qui ne valent pas ceux qui ont pris Port-Arthur. Une xénophobie tyrannique et une police d'armée *(Kempeïtaï)* qui vaut bien la Guépéou bolchevique. Enfin, la longue guerre chinoise, aussi féroce que la russe avait été propre.

En Occident l'image du Japon s'assombrit. On est passé des pâmoisons de Loti à une antipathie voilée. Les vélos japonais à dix francs, les montres au kilo, les perles de culture au boisseau, la « camelote japonaise » n'y sont pas pour rien. Au début cela flattait de voir un peuple des antipodes se convertir avec tant de zèle à nos techniques ; mais, quand l'imitation devient assez bonne pour menacer nos marchés, on renâcle. On parle aigrement pacotille, concurrence déloyale, « dumping », et le « péril jaune » revient à la mode. On se console de la méfiance qu'inspire cette nation efficace mais fermée en lui trouvant des ridicules : leurs révérences, leur sempiternel sourire, ils portent mal le complet-veston, dissimulent des minicaméras dans leurs épingles de cravate, ont des sociétés secrètes et des espions partout, et ces petits soldats à casquettes et bandes molletières qu'on peut voir aux actualités de la Fox, accrochés à leurs mitrailleuses lourdes et fauchant les paysans des campagnes chinoises. Dans l'imagination populaire, le catéchumène modèle des jésuites, le bon élève de 1880 et le « brave samouraï » de 1905 ont fait place à un quidam inquiétant dont l'appétit commence à faire peur.

Mais, malgré la part de vérité que ce portrait contient, on ne connaît pas mieux le Japon pour autant. L'antipathie n'a jamais remplacé l'information et l'on ne saisit un peuple que dans ses qualités, même lorsqu'elles sont en éclipse. On ne sait presque rien non plus des privations que le Japon s'impose pour s'offrir son arsenal et cette guerre qui lui paraît inévitable. Le 8 décembre 1941 (c'est le 7 à Washington), à huit heures du matin, les bombardiers et torpilleurs partis en vagues des porte-avions de l'amiral Nagumo détruisent la flotte américaine du Pacifique au mouillage de Pearl Harbor (Hawaii). Une heure et demie plus tard, la déclaration de guerre est remise au gouvernement américain par l'ambassadeur japonais. Quatre-vingt-dix minutes : c'est à peu près le temps qu'aura duré l'attaque. Pour une bonne moitié des pilotes japonais, c'est une « guerre sainte » qui commence, et beaucoup pensent, avec M. Yosuke Matsuoka, ministre des Affaires étrangères, que « la mission du peuple Yamato est d'empêcher la race humaine de devenir diabolique ».

### *Tokyo, juin 1943*

Les hommes valides sont à l'armée et beaucoup de femmes jeunes travaillent à Nagoya pour l'industrie de guerre ou dans les mines de charbon du Kyushu. La voirie est donc faite par des vieilles, quelquefois même des bonzesses arrachées à leur monastère. Celles qui balaient la grande artère de Ginza au mois de juin 1943 ont pu trouver dans leurs ordures deux papiers.

Le premier est un feuillet arraché à la revue *Koron*, sur lequel on peut lire :

*Tant que le Rescrit impérial soutiendra la conviction que le Japon est contemporain du Ciel et de la Terre, l'Amérique sera condamnée à la destruction...*

Le second est une ordonnance de la police sur laquelle on peut lire :

*Par suite de la puissance des explosifs modernes, nous sommes parfois contraints d'abandonner l'espoir de retrouver les dépouilles de nos morts. C'est pourquoi nous conseillons aux familles des soldats qui vont à des fronts en activité de conserver des mèches de cheveux ou des morceaux d'ongles, afin d'éviter le risque de ne rien garder du tout de la personne d'un mort honoré.*

Ces reliques sont, s'il le faut, déposées au Grand Temple de Yasukuni, où tous les soldats morts pour le pays sont considérés comme des dieux.

Dans un périmètre qui se resserre chaque jour, les officiers japonais s'endorment la tête tournée vers le Palais impérial. Les Américains, après une série de corps à corps meurtriers dans les îles du Pacifique, se préparent à débarquer au Japon.

Mais comment l'affaire se présente-t-elle ? Capitulation ou lutte au finish ? Quel est le rôle de l'empereur ? Comment le pays supporte-t-il les bombes ? Que va-t-on faire ?

# XII

## YUJI PARLE,
## OU UNE LEÇON DE « RIEN »

*Hiroshima, août 1945*
*Tokyo, octobre 1955*

VOUS avais-je dit — léger rire de crécelle — que nous avions déjà perdu notre père à ce moment-là ? Il était professeur de philosophie japonaise à l'Université impériale et commentait pour ses étudiants des textes confucéens ou shintoïstes que la doctrine officielle antidatait de plusieurs siècles pour ne rien devoir à la Chine. Le Japon à l'origine du monde... les Japonais investis d'une mission divine : vous êtes informés de tout cela. Il connaissait l'origine réelle de ces grimoires et comptait sur l'euphorie de la victoire finale — personne n'en doutait car, à défaut de notre marine, notre presse (rire) avait anéanti l'ennemi — pour corriger cette imposture et publier ses recherches. Même après les premiers bombardements, il ne quittait plus sa table de travail où ma mère lui apportait ses repas. Un matin de l'été 1944, en sortant de l'abri où elle nous avait conduits mon frère cadet et moi, nous avons trouvé la maison criblée d'éclats et mon père étendu à côté de son bureau, l'échine brisée, dans un rayon de soleil. Il avait l'air d'un nain. Une injection l'a tiré du coma pour quelques minutes. Il s'est excusé auprès de ma mère — il l'aimait — de mourir si mal à propos et de la laisser seule en des temps si critiques. Pour nous, les enfants, pas un mot ni un regard ; j'ai déduit de ce silence que nous n'étions pas les fils qu'il aurait souhaités. L'aîné, le seul à lui avoir toujours obéi, avait disparu à la bataille de Midway. Bien que mon père ne m'ait jamais témoigné d'affection, ce silence m'a beaucoup pesé. Après les funérailles — Tokyo était devenue intenable —, nous sommes descendus tous les trois dans la famille de ma mère, soixante kilomètres au sud d'Hiroshima.

« J'étais dispensé du service — tuberculose — et mon frère, étudiant, trop jeune pour l'uniforme, mais l'armée l'avait mobilisé comme manœuvre dans une usine de récupération des métaux. Il était en pleine croissance et ne mangeait pas à sa faim. La disette le rendait tyrannique et hargneux : il était persuadé qu'il manquait de sucre — en fait il manquait de tout — et n'avait que ce mot à la bouche. Il allait engager nos affaires pour s'en procurer un peu, c'était un sujet quotidien de querelles. A mon insu, il persuada ma mère d'aller mendier quelques kilos à mon oncle qui était alors médecin à l'hôpital d'Hiroshima. Les paysans de la préfecture qui avaient de quoi manger payaient en nature consultation et médicaments ; les médecins étaient largement pourvus en vivres et faisaient du troc avec le surplus. A cette époque un voyage de soixante kilomètres était toute une affaire et ma mère était lasse et malade, mais mon frère n'eut pas à la prier beaucoup ; c'était son préféré, comme si souvent le cadet. Elle se mit en route, une pièce de soie ancienne, pour l'échange, sous le bras. Deux jours plus tard, vers midi, il y eut une étrange lueur au nord dans le ciel et nous apprîmes qu'un malheur, sur la nature duquel circulaient toutes sortes de rumeurs, avait frappé Hiroshima. Nous avons gagné la ville à pied mon frère et moi. Bien avant les faubourgs le ciel était gris de suie en suspension. La terre était encore chaude. A l'endroit où se trouvait autrefois l'hôpital, une pancarte barbouillée par les médecins survivants donnait rendez-vous à vingt jours de là aux familles des malades et du personnel disparu, et recommandait de s'éloigner au plus vite. C'est la première fois que j'ai lu en japonais le mot « radiations ». Du cœur des ruines montait le ronflement des grillons et des cigales, bien plus résistants que nous, qui agonisaient en chantant.

« Au jour dit, nous sommes revenus, nous et ce qui restait de la famille. Il y avait foule autour de la pancarte : vestons rapiécés, vieilles casquettes d'armée, pieds entourés de chiffons : un petit clan primitif apeuré sous un totem tombé du ciel nouveau. Les cendres et les ossements humains récoltés dans les ruines de l'hôpital furent pesés sur une balance et équitablement répartis entre les endeuillés pour que les rites funéraires puissent avoir lieu dans les formes. Je ne me souviens pas d'avoir vu quelqu'un pleurer, je crois que nous avions trop peur : il y avait dans cette ville calcinée une menace qui dépassait bien les sanglots et les larmes. La distribution terminée, chacun s'est égaillé dans le soir en reniflant son chagrin. Nous avons fait le chemin du retour avec notre part nouée dans un mouchoir. En cours de route, mon frère me raconta l'histoire des trois kilos de sucre, le remords qu'il en avait, et, la nuit venue, il disparut.

« Le conseil de famille paya encore les offices bouddhiques, la tombe, et me fit savoir qu'il ne fallait plus compter sur lui. Je remontai alors à pied vers Tokyo où j'avais toujours la maison de mon père, en prenant par le *Nakasendo*, la vieille route du Japon central qui avait été presque épargnée par la guerre. Dans les montagnes du Nagano, c'était déjà l'automne : les prés étaient mauves de colchiques et de scabieuses, l'air piquant et délicieux. C'est un très beau pays, nous irons un jour ensemble si vous avez le temps. Les chemins les plus solitaires étaient encombrés de vagabonds de ma sorte qui se nourrissaient de baies, d'eau fraîche, de myrtilles, et filaient droit devant eux, un peu au hasard, sur leurs sandales de paille, pour s'éloigner d'une vie réduite en cendres. Cet automne-là, les Japonais ont beaucoup usé leurs semelles — il rit — et marcher aide aussi à supporter l'insupportable.

« J'ai passé quatre mois en chemin et suis arrivé juste avant Noël. Entre-temps, Tokyo elle aussi avait été détruite et ne valait pas mieux qu'Hiroshima. Dans la banlieue nord, les arbres et les maisons épargnées par les bombes brillaient sous une fine couche de neige : la nôtre était encore debout. En arrivant au portail du jardin, je vis deux silhouettes qui gesticulaient violemment sur le porche. (Je les distinguais mal, j'avais brisé mes lunettes en route et pas moyen bien sûr de les remplacer.) L'une d'elles tenait un couteau ouvert qu'un coup de pied fit bientôt voler dans un gracieux éclair d'argent. L'autre était mon frère. Il s'était acoquiné avec les blousons noirs qui trafiquaient dans ces ruines et avait avec leur aide pillé la maison, ou ce qu'il en restait. J'étais si fatigué par la route que je m'endormis sans demander plus d'explications ; je ne sais pas même comment cette querelle s'est terminée. Le lendemain la police arrêta mon frère et le détint plusieurs semaines. Les voyous de sa bande me rendirent la moitié de l'argent gagné avec nos affaires et je pus ainsi lui porter chaque matin un repas à la prison. Le deuil lui avait dérangé l'esprit, il ne se pardonnait pas la mort de sa mère, et vous savez ce que ce genre de sentiment pèse chez nous. Quand il ne dormait pas il pleurait, toute conversation raisonnable était impossible. Moi, son aîné, je me sentais bien démuni pour l'aider. Rien n'est plus effrayant qu'un être à ce point perdu. Le jour de sa libération, il me laissa un mot en disant qu'il allait rejoindre notre mère là où il l'avait envoyée, et je n'ai jamais plus entendu parler de lui. Il avait dix-huit ans.

« La paix revenue, je me retrouvai donc seul, avec le fantôme de mon frère pour compagnon. Comme mon père m'avait laissé son silence, il m'avait légué son problème : ces trois maudits kilos de sucre me restaient sur le cœur. Il fallait d'une manière ou d'une autre que je m'en débarrasse : que je comprenne, que j'accepte, que je pardonne. Qui était responsable ? Pourquoi mon frère s'était-il tu ? Qui avait agencé ce scénario sinistre ? Pourquoi ma mère, qui — vous vous en doutez — était la meilleure de nous tous ? Je retournais ces questions dans ma tête en descendant, à pied toujours, vers l'île de Shikoku. Peut-être les chrétiens tenaient-ils la réponse ? Je m'engageai comme interprète chez un missionnaire américain qui installait une école dans la préfecture de Kochi. J'avais très peu à faire et beaucoup à manger. J'employais mon temps libre à dévorer la Bible, que je venais de découvrir. Je l'emmenais même aux cabinets. Loth, le feu du ciel sur Sodome, Job... bien ! Mais même Job n'avait pas envoyé sa mère à la fournaise pour satisfaire son goût des sucreries, et il n'était pas japonais (rire). Le missionnaire, qui connaissait mon histoire et savait que j'étais aux prises avec son livre saint, faisait les cent pas devant la porte fermée, dans l'odeur des tinettes, attendant sans doute que je découvre le passage qui m'ouvrirait les yeux. J'entendais craquer ses chaussures. J'aurais bien voulu tomber sur ce que je cherchais, pour moi, et pour lui rendre un peu de ce que je lui devais ; mais je ne trouvais pas. C'était un homme de bon vouloir, mais l'obstination qu'il mettait à utiliser — pour me convertir — un malheur dont l'étendue nous dépassait tous deux finit par m'agacer et je le quittai. Je m'engageai sans plus de succès dans un hôpital catholique, puis je me détournai du christianisme, et remontai vers le nord pour devenir maître d'école dans un hameau de la banlieue de Shizuoka. Quatre mille yens par mois, à peine de quoi manger, un dortoir commun où je n'avais aucune envie de loger. Je faisais mauvais ménage avec la solitude, mais c'était tout ce qui me restait, et nous nous connaissions bien. A ce moment de ma vie, la compagnie m'aurait détruit plus vite encore.

« A l'époque Meiji, chaque préfecture avait reçu l'ordre de construire dans un lieu écarté un pavillon pour les contagieux que l'hôpital de district ne pouvait recevoir. Plus tard, sous le règne de Hiro Hito, les épidémies ayant régressé, ces retraites forestières furent abandonnées et l'Etat n'y laissa qu'un gardien. Je recherchai cet isoloir désaffecté pour m'y établir et finis, en interrogeant les vieux car le cadastre avait brûlé, par le retrouver, dix heures de marche au nord de la ville à l'endroit où les collines à thé font place à la forêt. J'y trouvai aussi une jeune fille de Nagoya qui, après avoir perdu toute sa famille, avait eu la même idée que moi et revivait là depuis quelques semaines. Elle lavait des chaudrons à l'hôpital de la ville et se levait à l'aube pour se rendre au travail — en combinant nos deux salaires et en cultivant l'ancien potager nous avons pu tenir le coup. Comme dans les histoires de grand-mères, nous allions aux champignons et au bois mort. L'odeur de la forêt, le cri des chouettes et des renards ont entouré cette renaissance. Nous étions tous deux aussi légers que la cendre, aussi durs que des bambous passés au feu. Plus rien où accrocher des regrets, du cafard, de la mélancolie. Je ne sais pas s'il faut parler d'amour ? (Il rit.) Chaque jour nous réinventions un peu la vie. Quand la petite a eu deux ans nous sommes montés sur Tokyo. C'était en 48, j'ai commencé à travailler pour les magazines qui redémarraient. Nous avons déménagé dix fois : vous connaissez le problème ici. Notre dernière propriétaire, derrière la gare de Yotsuya, pas bien loin de votre chambre, était une veuve qui venait de se convertir au christianisme. Elle priait toute la nuit saint Antoine de Padoue pour qu'il lui rende ce que la vie lui avait pris : le mari, les enfants, les kimonos de mariage, les sous. Elle hurlait son nom, vociférait, sanglotait, tapait du pied, et ne voyait bien sûr rien venir. D'une nouvelle religion on attend toujours trop. (Rire.) C'était intenable ; quand je me suis plaint, elle nous a mis à la porte. Nos quelques affaires tenaient dans une charrette à bras qu'elle nous a aidés à charger en chantonnant ; elle semblait avoir oublié saint Antoine et ses griefs. Au moment de se quitter, elle s'est excusée, a pris ma main qu'elle a élevée à sa bouche comme pour la baiser et m'a mordu en travers de la paume en me sectionnant deux tendons. Au curé et à la police elle a dit qu'elle ne pouvait plus supporter mon regard. (Il me montre en riant une fine cicatrice blanche qui coupe à angle droit sa ligne du cœur.)

Nous sommes ici à Megiro depuis le Nouvel An. Ma femme a attendu pour retomber malade que je gagne assez pour la faire soigner. Je me fais presque cent mille yens par mois avec les journaux et les traductions, j'en bois le tiers — l'alcool me fait un peu d'espace — et ce qui reste nous suffit largement pour vivre. Avec le Rimifon elle guérira. Nous sommes aujourd'hui comme de l'air l'un pour l'autre, aussi légers et transparents, aussi indispensables. Si elle meurt la première comme elle m'en fait parfois la menace, je ne me remarierai pas et j'aurai beaucoup de peine à garder mon entrain. Vous souvenez-vous du poème que la princesse Oku écrivait voilà plus de mille ans :

*Comment mon Seigneur*
*franchira-t-il tout seul*
*les montagnes d'automne*
*quand il était déjà si difficile*
*de les passer ensemble ?*

... Nous sommes agenouillés face à face devant une table basse dans leur unique chambre. Je rédige un article qu'il m'a placé hier après-midi et que nous devons livrer demain. Il traduit sur un papier divisé en quatre cents rectangles — un par idéogramme — les feuillets à mesure que je les lui tends. C'est la dernière page ; le jour se lève, nous avons travaillé toute la nuit, parlant bas car sa femme et sa fille dorment sur la natte juste à côté de nous. Le souper desservi, elles sont parties au bain public, revenues les cheveux encore humides. « *Oyasumi nasaï* — dormez bien. » Les voilà bien au chaud sous l'édredon, bouchonnées comme de jeunes pouliches ; elles remuent en rêvant, leurs pieds touchant les nôtres. La petite est une merveille de sept ans — longues jambes dodues en pain d'épice — qui dessine au néocolor des pommes comme feu Cézanne. La mère a un visage lisse de fantôme, une superbe chevelure qui tombe jusqu'aux reins, une gaieté contenue : sa seule présence est un bienfait, c'est la princesse Oku. Yuji s'étire en riant pendant que l'aube peint en violet les choux qui démarrent en rangs serrés juste sous la fenêtre ouverte. Avant de partir au travail nos voisins, tout gris de sommeil, répandent sur leurs petits maraîchages le contenu des cabinets. Lui, c'est un petit homme sec et musical, aussi transparent qu'un flocon de neige. Un regard d'éthéromane qui s'amuse et qui danse, avec la légèreté spectrale et inquiétante de qui est passé par le feu. Je comprends fort bien qu'on lui ait mordu la main. Lorsqu'on rencontre un être vraiment libre on se sent soudain bien nigaud avec tous ses voyages et ses projets...

... Nous sommes allés livrer cette copie par le premier

train. Megiro, Akihabara, Yostsuya, Akabane... A Tokyo, la vie s'exprime en termes de gares. Petites stations du métro ou de la « Chuo Line », hauts lampadaires sur les feuilles neuves. La dernière rame passée, la chanson des socques de bois qui s'éloigne et décroît et le chalumeau déchirant — trois notes — du marchand de soupe chaude. Charrettes des métiers ambulants garées pour la nuit contre le quai. Petites gens, petites dettes qu'on oublie et qu'on retrouve : du Dickens japonais avec une ineffable douceur en plus. Au-delà des lumières, quelques arbres pris dans la nuit dont les ramures remuent les souvenirs, les rencontres, les mensonges et les regrets. Visages hallucinés collés aux vitres embuées. Gares posées comme une constellation sur la ville et qu'on égrène comme un rosaire dans le noir...

## XIII

## WASHINGTON, 1944-1945

PLUS on s'interroge, plus on s'aperçoit qu'on ne connaît rien de la psychologie de l'adversaire, que son comportement futur est une énigme, que les « autorités » consultées se contredisent.. et qu'en somme les Américains de 1944 ne savent pas qui sont les Japonais.

Ils chargent une des meilleures anthropologues du pays, Ruth Benedict, d'étudier cette mentalité qui leur pose tant de problèmes, et lui fournissent tous les concours qu'elle peut souhaiter : archives, cinémathèque, traducteurs, Japonais d'Amérique internés comme suspects. C'est une femme aux cheveux déjà blancs qui possède son métier à fond. Sa formation lui évite ce péché que commet si souvent l'Occident : vouloir tout ramener à *nos* catégories. Elle a cette autre vertu des bons enquêteurs, la patience, et sait suspendre son jugement jusqu'à ce que les observations réunies s'organisent d'elles-mêmes selon leur logique propre et que les pièces du puzzle prennent spontanément leur place. Elle n'a jamais mis les pieds dans le pays et, pour le travail qu'elle entreprend, c'est peut-être bien un avantage. Pas d'idées préconçues, ni des ces « anticorps » que le séjour au Japon sécrète si souvent et qui retardent la compréhension. Dans la préface de son étude, *Le Chrysanthème et le sabre*, elle constate que jamais l'Amérique (qui s'est pourtant longtemps battue contre les Sioux et les Comanches) n'a eu affaire à un ennemi aussi énigmatique, et, sur cet aveu d'ignorance, elle se met au travail.

Avec une objectivité remarquable elle étudie minutieusement cette culture millénaire comme s'il s'agissait d'une tribu d'aborigènes nouvellement découverte, d'une société surgie tout armée de nulle part, d'un problème de mécanique abstraite. C'est ainsi qu'elle réussit à démonter la pendule japonaise sans oublier un seul des rouages importants, et à présenter pour la première fois aux Japonais un portrait tracé par une main étrangère — d'un crayon un peu sec et triste — dans lequel, en gros, ils se reconnaissent.

Une réserve : son Japon est une semaine sans dimanche. A étudier de loin un peuple en guerre, elle ignore presque tout des bons moments — fêtes villageoises, banquets, bombances — où toutes les qualités japonaises éclatent, et que cette société rigoureuse sait, quand elle le peut, s'accorder.

Son livre influencera tout ce que la génération suivante écrira sur le Japon et évite nombre d'erreurs à l'occupation américaine.

Pour les Japonais, vaincus, désemparés de voir s'écrouler tous les mythes dont ils s'étaient nourris pendant vingt ans de totalitarisme mental, cette vieille dame, qui semble parler de la lune, décrit avec tant de pénétration leurs forts, leurs faibles, la cohérence de leur société et les servitudes qu'elle leur impose, *et n'a pas du tout l'air de leur en vouloir*, cette vieille dame est d'un grand réconfort.

Vers la fin de l'occupation, il n'y a pas de ville japonaise qui n'ait son « club Ruth Benedict » et pas d'université où l'on ne discute ses idées. Cette mode est passée maintenant, mais c'est peut-être grâce à ce livre que les trajectoires si longtemps divergentes se rapprochent insensiblement.

A long terme c'est important : si l'on ne peut plus guère progresser aujourd'hui dans l'art de se détruire, il y a encore du chemin à faire dans l'art de se comprendre.

*Au Seibo Hospital, Tokyo, décembre 1964-mars 1965*

Même à la lanterne magique, il ne faut pas se faire de cinéma : la plupart des liens solides se nouent au-delà de l'intellect et ne s'expriment que rarement dans les livres, mais dans les tatouages qu'on peut voir à la plage ou à la morgue, dans deux mains qui serrent une épaule sur un quai de gare et garderont — trop longtemps peut-être — cette chaleur et cette élasticité dans les doigts, dans des cartes écrites par des militaires et si mal adressées qu'elles arrivent par erreur chez de vieilles folles auxquelles on n'avait jamais dit des choses si tendres, dans le silence de deux visages qui s'enfoncent au tréfonds de l'oreiller comme s'ils y voulaient disparaître, dans ce désir si rarement comblé qu'ont les mourants de trouver le bout de l'écheveau et quelque chose à dire, dans la fenêtre qu'on ouvre ensuite, dans la tête d'un enfant qui fond en larmes, perdu dans la rumeur d'une langue étrangère.

Courage, on est bien mieux relié qu'on ne le croit, mais on oublie de s'en souvenir.

*Deuxième partie*

# 1956, l'année du Singe

## XIV

## « PASSEPARTOUT »

*Nous sommes douloureusement conscient des sentiments qui sont aujourd'hui les vôtres, vous, Nos sujets. Cependant, Nous avons décidé, en accord avec les décrets du sort et du temps présent, de paver la route vers une grande paix pour les générations à venir en endurant l'intolérable et en supportant l'insupportable.*

(Décret impérial radiodiffusé
du 15 août 1945)

*Le parti qui l'emporte, c'est le parti impérial.*

(Proverbe japonais)

PAR ces brèves sentences, l'empereur avait annoncé la capitulation aux siens et mis un terme à la guerre. Il fut entendu avec stupeur et respect jusqu'au fond des campagnes, où bien des paysans croyaient encore que cette voix auguste ressemblait au tonnerre ou à l'ouragan. Bon nombre d'esprits rustiques interprétèrent son message ainsi : l'état-major japonais s'était montré en dessous de sa tâche, l'empereur s'était débarrassé de ces incapables et s'était entendu avec un meilleur conseiller : MacArthur. L'ordre avait été compris : les officiers qui le désapprouvaient s'étaient suicidés ; et les GI's avaient débarqué dans un Japon en cendres sans essuyer un coup de feu, mais tombant parfois, à l'entrée des villages détruits, sur des enfants postés là pour les accueillir et brandissant des drapeaux... *japonais*.

L'occupation (1945-1952) fut un succès. Les Américains — dont la propagande jusqu'au-boutiste avait promis les pires représailles — s'étaient montrés disciplinés et sans rancune. Ils avaient nourri la population, alimenté l'économie (un milliard de dollars en 1948), imposé des réformes utiles, purgé puis amnistié sans trop de discernement les « responsables », et remis à flot un pays dont ils avaient, entre-temps, eu l'occasion de s'éprendre. Leur bonhomie naturelle, la « mauvaise conscience » atomique et la peur du communisme russe ou chinois s'étaient conjuguées pour transformer rapidement leurs ex-ennemis en protégés. De leur côté, les Japonais avaient fait la paix comme autrefois la guerre : à fond de train. Des occupés modèles. Leur énergie et leur souplesse, jointes aux commandes passées pour la guerre de Corée à leur industrie renaissante, avaient complété le rétablissement.

En somme, on avait tiré un excellent parti de l'« expérience américaine ». Mais on se lasse d'un plat — même nourrissant — que l'on trouve tous les jours sur sa table.

En 1955, leur indépendance retrouvée, les Japonais saturés d'Amérique désiraient changer de menu, ils voulaient de la vieille culture, de l'européen, et particulièrement du français : ce peuple qui avait inventé

Renoir, Jean-Paul Sartre, Yves Montand, l'amour romance, et qui avait tout de même — cela rapproche — perdu sa guerre avant de la gagner. Chaque mois donc, à l'arrivée du paquebot de Marseille, les journalistes envahissaient le bord et demandaient au commissaire ce qu'il avait (n'importe quoi : académiciens, repris de justice, poètes lettristes) à leur mettre sous la dent.

### *Yokohama-Tokyo, le 20 octobre 1955*

Celui de *MM Cambodge* arrivé le matin même n'avait pas grand-chose à leur proposer : une chanteuse réaliste qui faisait dans le genre Damia ; un prophète mormon qui inondait le bateau de brochures mauves promettant la fin du monde (1986 exactement) et invitant à la prière et à la contrition ; un quidam embarqué à Ceylan, qui s'acquittait de basses besognes dans les entrailles du navire pour compléter le prix de son passage et qui semblait avoir passé longtemps sur les pistes d'Asie, dans quel but au juste ? Le commissaire ne savait pas.

Je n'ai même pas entendu la passerelle descendre et le navire accoster. Depuis trois jours, dans une soute torride sous la grande cuisine, je dégraissais au tranchoir et au jet de vapeur des turbotières et des lèchefrites de la taille d'un cercueil, assisté d'Alcide et de Francis, deux Noirs martiniquais qui poursuivaient à longueur de journée, dans un français fleuri, joliment désuet, un dialogue truffé de comptines, proverbes, images bucoliques, et exclusivement consacré à la pénétration du pénis dans le vagin. Ces gracieuses litanies érotiques faisaient très bien passer le temps. Penser ainsi sans cesse à l'amour au milieu de cette graille était vraiment la marque d'un naturel heureux. D'autant plus que l'odeur et la chaleur rendaient le travail si pénible qu'il fallait souvent l'interrompre pour aller vomir le « suprême de turbot » ou le « soufflé Marengo » que nous venions de dérober aux fourneaux de la grande cuisine. Dans la brume jaune et grasse de notre cambuse, c'est tout juste si j'ai reconnu les galons du commissaire qui venait me chercher.

Adieu Francis, adieu Alcide, amusez-vous bien, les enfants. Je vous laisse deviner les vœux que ces deux troubadours, sans s'écarter de leur thème favori, ont formés pour mon séjour ici.

Le capitaine Cook avait une épée et saluait les chefs maoris avec un bicorne aussi brillant que le soleil. La Pérouse distribuait sans compter des fers de hache et des perles de verre bleu. Phileas Fogg ne se séparait pas de sa valise de porc bourrée de bank-notes. J'arrivai sur le pont suifeux comme une chandelle et sans rien à offrir que le torchon que j'avais à la main. Les voyages ont changé.

Le temps était superbe. Eclairs blancs des mouettes dans le soleil d'octobre, qui est le meilleur mois du Japon. Eclairs des flashes. Une demi-douzaine de petits hommes aux visages marqués m'entouraient déjà et m'interrogeaient dans un « japanglais » sans complexe : Qui ? Pourquoi venir ici ? Qu'est-ce que je comptais faire ? Qu'est-ce que j'attendais du pays ?

En ce temps — il est révolu —, les voyageurs de mon genre restaient tous à dormir dans les ashrams de l'Inde et n'arrivaient pas jusqu'ici. Mes interlocuteurs étaient presque aussi râpés que moi. Vestons usés jusqu'à la trame, branches de lunettes fixées au sparadrap, mais leurs caméras *made in Japan* étaient déjà des instruments de précision, et les regards vifs, précis, franchement amicaux. L'un d'eux — je ne le savais pas encore — s'appelait Yuji... « Ce sera dur, très dur, ça n'ira pas tout seul — me disaient-ils avec de petites inclinations du buste qui ne me paraissaient ni comiques ni obséquieuses —, et savez-vous vraiment la vie que nous menons ici ? »

Dur ? Ici au moins il faisait frais ! Je venais de passer huit mois sous les tropiques, confiné par la chaleur et la malaria dans une auberge vermoulue que les termites transformaient bruyamment en sciure. L'air de Yokohama s'avalait comme du champagne.

Je n'imaginais pas trop — et il vaut mieux — ce que j'attendais du pays.

Quant à mon savoir, il était trop sommaire pour me gêner beaucoup. A Delhi, Colombo, Saigon, j'avais rencontré des consuls obligeants et taciturnes, qui tamponnaient à petits coups secs d'une pochette immaculée leur visage en sueur, se lavaient les mains cent fois la journée et faisaient penser à des chirurgiens égarés sans désinfectants ni consignes dans la molle et bavarde agitation de l'Asie du Sud-Est.

Enfant, j'avais vu les « coquilles japonaises » s'ouvrir au fond d'un verre d'eau et lancer vers la surface leurs fleurs roses et blanches lestées de minuscules bouées de sureau, et coché dans les catalogues de jouets de Noël (sans les recevoir) les maquettes au dix-millième des deux plus grands cuirassés du monde : le *Musashi* et le

*Yamato*, aujourd'hui envoyés par le fond. Plus tard, j'avais entendu *Madame Butterfly* chanter (en italien) son désespoir d'être lâchée, et regardé comme les impressionnistes quelques estampes — certes pas les meilleures. Je me souvenais aussi de cet épisode du *Tour du monde en quatre-vingts jours* où Passepartout, ayant retrouvé son maître dans les rangs des spectateurs et quitté sans permission sa place dans la « pyramide humaine » d'un cirque de Yokohama, avait entraîné la ruine de tout l'édifice et fait perdre la face à ses employeurs. Mais je mesurais mal tout ce que la morale de l'histoire avait, en somme, de proprement japonais.

Et voilà, aux innocents les mains pleines.

J'ai débarqué, consigné mon bagage à « Tokyo Central » et suis parti au hasard dans cette ville interminable, une brosse à dents dans la poche. C'était un bonheur de marcher dans ces longues avenues rafraîchies par le vent en regardant les visages. Toutes les femmes avaient l'air lavées, tous les passants semblaient s'acheminer vers une destination précise, tous les travailleurs travaillaient et l'on trouvait partout des boutiques minuscules qui offraient pour quelques yens un café fort et bon : petits miracles auxquels, après deux ans d'Asie, j'avais cessé de croire.

A Tokyo Central-Station, les bancs de la salle d'attente ne sont pas mauvais du tout. J'avais douze dollars en poche : largement de quoi voir venir. Par curiosité, j'ai fait le tour des hôtels *western style* pour savoir à combien de nuitées ce capital me donnait droit : une et demie au Daï-Ichi, plein de GI's rouquins, les poignets comme des bûches ; une et quart au Prince Hotel : à peine une à l'Impérial, construit par Frank

Lloyd Wright en style inca ou « Atlantide » sur des fondations coulissantes qui avaient résisté au tremblement de terre de 1923. Et presque une semaine dans les auberges japonaise au nord de la gare, nattées, parcheminées, à six cents yens la journée. C'était encore trop.

Cet après-midi là j'ai bien marché vingt kilomètres au hasard dans la ville. L'air était délicieux. J'ai visité au passage une exposition de photos japonaises d'un goût si exigeant que rien n'y bougeait plus. J'ai regardé les voitures de pompiers passer à toute allure dans des tourbillons de feuilles mortes. Leurs cloches de bronze sonnant à la volée, l'air d'aller à la fête avec leurs grappes de petits hommes noir et rouge accrochés aux échelles, coiffés de casques à protège-nuque comme les guerriers de Gengis khan. Je me suis reposé les pieds dans une église russe en écoutant des chœurs assez nombreux et véhéments pour absoudre la ville entière. Ces avenues sans plan, ces entrepôts, ces librairies noires de monde, cette marée de jardinets, de maisonnettes inégales qui venait battre contre un canal croupi, contre un bloc d'immeubles ultramodernes, contre le ballast d'une voie ferrée... après huit heures de promenade, je me demandais encore si cela faisait une belle ville, ou même une ville tout court. Puis le soleil est descendu en se gonflant dans un ciel orange, dessinant en silhouette la ligne incongrue des toits, la folle écriture des antennes, des fils électriques et des ballons publicitaires contre un horizon qui virait au rouge, puis la pluie multicolore des néons. J'ai cessé de me poser des questions.

De l'église russe, ça descendait. La pente et la fatigue

aidant, je me suis trouvé vers onze heures du soir au petit quartier de Suragadaï, dans un parfum de café torréfié et de brochettes grillées. Des rues étroites bondées de familles portant leurs enfants endormis, de lampions, d'enseignes lumineuses, de charrettes éclairées à l'acétylène où l'on bradait à grandes gueulées des cotonnades dernier choix, des bottes en caoutchouc, des jouets de bambou ou de plastique. Sur les deux côtés de la rue, des caisses à ordures disjointes vomissaient leur contenu sur le trottoir. Un bistrot à côté de l'autre. Et tout cela menu, coquet, l'air bricolé de la veille, avec les restes d'une rue plus grande. J'avais faim, j'ai poussé une porte sur laquelle on pouvait lire *Café-Bar Shi*. *Shi* — j'ai demandé — veut dire poème. Ça ne m'a pas épaté du tout : dans ma promenade j'étais déjà tombé sur deux tea-rooms Rilke, un snack François-Villon, un billard Rimbaud et un magasin Julien-Sorel (lingerie friponne). On a des goûts relevés, ici. Dans le local pas plus grand qu'une roulotte, j'ai à peine été surpris de trouver trois gravures de Daumier et d'entendre l'électrophone murmurer du Ravel. Une barmaid lilliputienne, bien soignée et gironde, « faite » des ongles aux cils, aussi personnelle qu'une rose en papier. Une clientèle de lycéens, pieds nus dans leurs socques de bois, en uniformes noirs, casquettes noires, qui épelaient, plongés dans leurs noirs manuels, et luttaient contre le sommeil. J'ai juste eu le temps de penser : séminaristes... Tchekhov, et me suis endormi sur une chaise minuscule sans même passer ma commande.

Le patron m'a réveillé vers une heure du matin. La salle était vide et la lumière éteinte. Il tenait d'une main un grand vélo qui devait être caché derrière le bar, de l'autre un verre de lait qu'il a posé devant moi. L'air jeune et timide. « Je m'appelle Shoji, a-t-il dit en mauvais anglais, ingénieur en chômage et patron de bar en attendant du travail. Si vous voulez dormir sur une table, vous êtes chez vous. Moi, je rentre, j'ai deux heures de vélo à faire. Les toilettes sont à côté du bar. On se verra demain. » Il est parti en fermant derrière lui.

De temps en temps, un attardé rentrait du bain public et j'entendais le chant de ces sandales de bois qu'on accorde à la tierce — fa, ré, fa, ré — croître et décroître dans la ruelle.

En attendant que le sommeil revienne, j'ai parcouru le journal du soir acheté en me promenant : quelques articles commençaient encore par : « Nous Japonais, nous ne savons pas faire ceci... nous ferions bien de nous inspirer de... il faut corriger ce défaut national », etc., mais on sentait que le cœur n'y était plus et que le temps des *peccavi* était passé ; plusieurs faits divers sur des évadés revenus de Russie, sur tous ces gens qui vivaient encore d'aubaines, d'astuces, d'escroqueries ingénieuses sous des identités ou dans des emplois qui n'étaient pas les leurs. Mais ces aléas, ces imprévus, ces existences picaresques donnaient de l'air aux idées et créaient un climat ouvert et vivant. On avait l'impression que pas mal d'impostures anciennes avaient volé en éclats avec la défaite et n'avaient pas encore repris racine. Les annonces d'écoliers japonais en quête d'échanges de timbres ou de *pen-friends* remplissaient une page entière. La récolte de riz 1955 avait battu tous les records. La vie était encore difficile, mais le « miracle économique » commençait à payer des dividendes et le Japon se reprenait à croire à sa chance.

J'allai examiner les paquets de cigarettes soigneusement alignés sous le bar ; ils s'appelaient « Peace », « Love », « Sincérité », « Perle », « Vie nouvelle ». C'était peut-être un bon moment pour débarquer ici.

## XV

## AUTOUR D'ARAKI-CHO

MOINS bon pour s'y trouver une chambre. Un étranger, c'est forcément riche, puisque ça peut voyager. Les agents sérieux m'offraient des villas de quinze pièces ; ceux qui l'étaient moins refusaient de croire qu'un étranger puisse s'intéresser à une chambre de quatre nattes (4,5 m$^2$) et finissaient généralement par me proposer des femmes. Quand par hasard ils avaient quelque chose, il fallait leur verser en guise de bonjour le *shkikin* (garantie), le *ken rikin* (pas-de-porte) et le *tesuryo* (commission), soit dix mois de loyer.

Mieux valait prospecter au porte-à-porte et quartier par quartier la plus grande capitale du monde, en s'endormant chaque soir dans un secteur au nom singulier : Akihabara (la plaine aux feuilles d'automne), Yotsuya (quatre vallées), Otchanomizu (l'eau du thé), Nabeya yokocho (le carrefour de la marmite), chaque jour plus harassé mais plus épris de cet océan de visages camus, de lanternes huilées, de lessive, de maisonnettes de bois gris accotées les unes aux autres dans le fumet aigre et iodé de la cuisine japonaise. Je courus ainsi pendant sept jours. Sans succès. Le huitième, le patron du « Bar Poème » m'avait trouvé quelque chose. J'achetai une paillasse de dessous, une courtepointe de dessus, un petit oreiller rempli de balle de riz (il n'en faut pas plus pour emménager ici), et m'installai pour une année chez un veilleur de nuit du quartier d'Araki-Cho.

*Cho* est un petit quartier ; *ki* le bois ou l'arbre ; et l'arbre *ara* une sorte de mûrier ; mais il n'y a plus de mûriers à Araki-Cho.

Tournesols, bambous, glycines. Maisons penchées et vermoulues. Odeurs de sciure, de thé vert, de morue. A l'aube un peu partout le chant ébouriffé des coqs. Une publicité omniprésente et hideuse mariée à la plus belle écriture du monde.

Araki-Cho, c'est en somme un morceau de village oublié dans la ville, dont quatre maisons de geishas de première catégorie avaient autrefois fait la renommée. Elles ont brûlé comme presque tout le reste, ne laissant qu'une petite « école » où une poignée de jeunes femmes souffreteuses et tarabiscotées viennent, genoux fléchis sur leurs hautes socques de bois, apprendre à jouer du *shamisen*, à décomposer leurs pas en vingt-six mouvements distincts, à manier les poètes classiques ou l'allusion libertine. Mais l'annuaire des geishas de la ville les relègue aujourd'hui en cinquième rang — au bord de la galanterie — et le quartier est depuis longtemps sorti des mémoires. Pas un plan ne le mentionne et les chauffeurs de taxi qui longent ses frontières ignorent souvent son nom.

On distingue à Tokyo deux mentalités bien distinctes. Dans le Sud et dans l'Est c'est l'esprit *shitamachi* (la basse ville), celui des pénichiers, des poissonniers et maraîchers des halles, des artisans dont les outils n'ont pas changé depuis cent ans. De la gouaille et du cœur. C'est Shitamachi qui va applaudir les lutteurs à chignon du *sumo* (la lutte japonaise) et fournit ces contingents de commères qui reniflent et sanglotent aux drames du théâtre *kabuki*. En somme le vieux folklore d'Edo. Dans les secteurs plus cossus de l'Ouest et du Nord, c'est l'esprit *yamanote* (côté des collines), plus bourgeois, studieux, confit. On s'intéresse aux arts traditionnels : la calligraphie, le théâtre no. On a volontiers une pièce à l'occidentale où l'on s'installe sous une suspension de laiton pour lire des livres d'Europe. Plutôt l'ambiance de l'ère Meiji.

Araki-Cho est *yamanote* par la géographie et *shitamachi* par l'esprit, avec une pointe de rusticité en plus. On n'y voit jamais d'étranger, et les seuls mots anglais qui soient vraiment entrés dans le langage local sont *kissu* (de *kiss*, baiser), qui remonte d'ailleurs à l'avant-guerre, et *stenko* (de *stinky*, puant), qu'on a l'occasion de prononcer chaque fois que la pluie noie les fosses septiques — pas d'égouts avant 1970 — ou que le camion des vidangeurs est en grève. Araki-Cho est encore dans le noir de la cible immense du « Grand-Tokyo », à six stations de train seulement du Palais impérial. De la gare d'Ichigaya on longe pendant dix minutes un canal couvert de lentisques où, les soirs de lune, les amoureux vont timidement ramer dans des canots de louage. Puis on atteint, à l'intersection de deux avenues, un débit de saké d'où une venelle étroite vous hisse jusqu'au plateau d'Araki-Cho.

Au bout de l'unique rue commerçante se trouve le « Café Life », sombre, exigu, parfait pour commencer la journée. La vieille au chignon soigné qui tient la boutique n'ouvre la bouche que pour s'excuser, en prononçant toutes ces finales dont les jeunes et les citadins pressés sont en train de perdre l'usage. Mais sous ses apparences de soumission, elle est dure comme une brique, et chacun sait ici comme elle tyrannise son ancien sergent de mari. Les jours où il se rebiffe, elle porte avec dignité un bon cocard sur l'œil. *Sengo tsuyoku natta no wa ; onna to stocking* (depuis la guerre deux choses sont plus résistantes : les femmes et les bas), entend-on parfois dire avec résignation ; mais — pour les femmes en tout cas — il n'y a rien là de nouveau.

Le Café Life, dont les clients appartiennent à la rue, possède cependant un disque français :

*Dis-moi donc, Jenny la Chance,*
*Pourquoi les m'sieurs qu'tu connais bien*
*Quand ils te croisent le dimanche*
*Te r'gardent comme des ... r'gardent comme des...*
*R'gardent comme des* (poussez l'aiguille)
*Sa-cris-tains...*

Je me demande par quel hasard Jenny la Chance est venue s'échouer ici. C'est un vieil enregistrement qui a déjà beaucoup dispensé son exotisme et dont personne ne comprend les paroles ; peu importe, il est *furanzu* (français), donc aimable.

En contrebas de la rue, un sanctuaire shinto dédié à Inari, déesse de la Nourriture, et à son compère et messager le renard Kitsune, partage avec une scierie le fond d'une petite combe herbue. Par temps calme, parmi les minces fumées d'encens, on en entend monter les glapissements du *Kamishibaï San* (Monsieur Théâtre-en-Papier) en train d'ensorceler sa clientèle enfantine. Dans une caisse fixée sur son vélo, il insère une douzaine d'images de carton et les retire à mesure pour illustrer l'histoire qu'il psalmodie d'une invraisemblable voix rotée, tantôt plaintive et tantôt menaçante. Ogres, gangsters, dragons, duels. Les styles et les mythologies se mélangent très librement : on voit un tigre ramper aux pieds de la Vierge Marie, un samouraï piloter un sous-marin. Quand l'assistance est réunie, l'homme-théâtre interrompt son récit et vend des bracelets à cinq yens. Les jours de grande forme, avec une légende toute fraîche, il en gagne deux cents et va aussitôt s'enivrer : le métier assoiffe, et la concurrence de la télévision lui donne du souci.

Les maisons d'Araki-Cho n'ont pas de serrures, ou si frêles qu'un enfant les ferait sauter. Les portes à carreaux de papier béent sur l'étroite antichambre où les chaussures des occupants sont alignées, pointes à l'extérieur. C'est pratique : il suffit d'un coup d'œil au passage pour savoir si Tanaka ou Morita sont à la maison. Parfois un voleur — il n'est pas du quartier — passe à l'heure de la sieste et disparaît comme un zéphyr avec les meilleures paires. Coup dur, car des souliers convenables coûtent encore le quart d'un salaire d'ouvrier, mais on ne va pas déranger les flics pour si peu.

Le poste se trouve juste aux confins du quartier et de l'avenue K. Chaque habitant y a son dossier — origines, âge, casier judiciaire, réputation, conduite, etc. — où les entremetteurs pour les « mariages arrangés » vont soigneusement vérifier l'honorabilité de leurs clients. En dehors de leur heure de judo quotidienne, les trois agents n'ont pratiquement rien à faire de la journée, sinon dessiner sur leur calepin des plans détaillés pour les malheureux qui cherchent une adresse, car la plupart des rues à Tokyo n'ont pas de nom, et les maisons y sont numérotées non pas en séquence, mais selon la date de construction. Pour tuer les longs après-midi, ils s'enfoncent dans d'interminables parties de *go* (c'est une sorte d'halma bien plus subtil, où les pions d'un camp s'efforcent, par des manœuvres d'une traîtrise extrême, d'encercler et d'éliminer ceux de l'adversaire). Quand l'un des joueurs se trouve dans une de ces situations critiques où la plus grande circonspection se recommande, il téléphone aux flics du poste voisin qui sautent dans la voiture de police et arrivent à fond de train pour examiner l'échiquier et lui prêter main forte. Quand on entend leur sirène, c'est le plus souvent de cela qu'il s'agit : Araki-Cho est un quartier tranquille.

Si les agents veulent de la bagarre, ils peuvent toujours aller en voir au cinéma local : c'est la porte à côté. Cinquante yens la place, première séance à neuf heures du matin. Le public s'assied en tailleur sur des sièges de bois dur. Malgré l'interdiction, l'air est épais de fumée, mais chacun dissimule sa cigarette et manifeste par ce soin un respect suffisant pour la loi. On y passe surtout ces *chambara* (films de samouraïs) faits en trois semaines et qui sont au Japon ce que le western est aux Etat-Unis. Et parfois, l'été venu, des films de fantômes : sinistres légendes du Japon féodal dont chacun ressent encore vivement la magie, et foisonnantes d'apparitions qui ondoient dans l'air nocturne à la recherche d'une proie humaine, le front marqué d'une plaie triangulaire sous une gigantesque crinière rousse d'un effet terrifiant.

Le vent a beau être à l'optimisme, la réalité aussi connaît ici des spectres à peine moins inquiétants. Il y a la radioactivité de la pluie que tous les quotidiens mentionnent en première page : quand par vent d'ouest elle dépasse cent fois la normale — une bombe en Sibérie (aujourd'hui en Chine rouge) —, les visages et les nerfs se tendent. Il y a des typhons aux gracieux noms de femme, Sybille ou Sylvia, dont, août-septembre venu, la radio donne demi-heure par demi-heure les itinéraires capricieux pendant qu'on surveille le ciel noir en renforçant avec des cordes de paille ces toitures si légères, bien faites pour s'envoler. Il y a ces matins où la terre tremble, où une main malveillante secoue les maisons comme pour en faire tomber les fruits. Quand ça barde, quand la deuxième onde soulève les planchers, je vois mes voisins dévaler leurs escaliers de bois avec des visages qu'on ne leur connaissait pas : blêmes, fermés comme des poings et plus effrayants que le séisme lui-même. « Force 3 », titrent les journaux du soir. Trois sur un huit théorique qu'aucune secousse n'a jamais atteint. L'échelle est logarithmique et la force 3 vaut donc cent fois la force 1. En 1923, une force entre 4 et 5 a entièrement détruit Tokyo. Pour cette fois : pas d'autres victimes que les poissons rouges projetés hors de leur bassin qui agonisent en silence sur l'herbe verte.

Enfin, il y a le prix du riz qui retentit sur les petits budgets et dont l'humeur du quartier dépend. Personne ne mendie à Araki-Cho, mais on reste discret sur les sacrifices que beaucoup s'imposent pour conserver honorablement la face et *bien habiller les enfants*. La glace est mince, on n'a pas de réserve et l'équilibre est si précaire que le moindre imprévu — un examen raté, une maladie, un parent qui tombe à charge — peut faire basculer et envoyer « droit comme une flèche » le kimono de mariage ou la télévision à *Ichi-roku-ginko* (littéralement : la banque d'un sixième), le « clou ».

Ne pas prendre de risque, parler selon son rang, ne rien faire d'inconsidéré : tout marche d'après la prudence soucieuse qu'enseigne ce guignon si particulier aux petites gens des grandes villes et qu'on retrouve dans l'univers de Dickens ou de Zola.

Pour ceux d'Araki-Cho, la grande ville n'est d'ailleurs pas Tokyo, où ils ne vont guère, mais Shinjuku, dont les lumières rougissent le ciel à un quart d'heure à pied vers l'ouest. Cité satellite, *shopping center* et nœud ferroviaire pour la banlieue, Shinjuku est aussi un de ces quartiers de plaisirs comme seul l'Extrême-Orient en connaît. Tokyo en possède quatre : Ginza, le plus sophistiqué, que les Japonais réservent à l'étranger en mal de *night-life* ; Asakusa, à la fois bigot et libertin, où la visite au temple bouddhique de la déesse Kwannon sert d'auspicieux prélude à des divertissements plus concrets ; Ikebukuro, sordide et violent ; et Shinjuku, dont les régents Tokugawa jugeaient les séductions si pernicieuses qu'ils l'ont à deux reprises fait raser et planter en rizière. Il en est chaque fois ressorti plus fringant : cinémas populaires, ciné-clubs, rôtisseries, loteries chinoises, salles de *mah-jong*, librairies étrangères ouvertes jusqu'à dix heures où l'on va lire debout sans jamais rien acheter, tavernes de bois et de paille où l'on cuit des coquillages dans le meilleur saké du Japon, tout un peuple de cartomanciennes, chiromanciens, devins installés sur la rue à la lueur d'un lampion et qui fournissent à coup sûr ces raisons d'espérer dont on a tant besoin Ajoutez les trois étages du bistrot Donskoï (titre d'un roman de Gorki), où la gauche sentimentale, servie par des étudiants en blouses russes, vient réciter Maïakovski, écouter Brecht, chanter ces *Yanagibushi* qui sont les couplets de travail et de peine des vieux métiers japonais... et s'exalter un bon coup avant de rentrer dans le rang. Les rats, les poubelles, les strip-tease. Enfin, le café-discothèque Fugetsudo (la lune à la fenêtre), bondé de bohèmes à bérets basques, de sexe indécis, où l'on peut entendre n'importe quelle œuvre classique de Palestrina à Schoenberg. Au bas du quartier, trois rues parallèles bondées de lanternes géantes fleurent l'herbe médicinale, le désinfectant, le parfum bon marché. Depuis 1958, les maisons closes y sont fermées, hélas ! Mais en l'année du Singe elles s'y touchaient. On entendait siffler et murmurer sur les portes et, par le battant entrouvert, le passant pouvait apercevoir l'*Olympia* de Manet en mosaïque décorer le mur du fond, et d'énormes théières de fonte chanter sur les braseros. Chaque dimanche, la voiture-radio d'une association féministe passait lentement dans les ruelles pendant qu'une voix déférente répétait au micro : « C'est un péché que de vendre sa chair. » Les filles la regardaient en riant : « C'est bien plus grand péché encore que de ne pas rendre aux parents ce qu'on leur doit », et beaucoup d'entre elles n'exerçaient ce métier que pour soulager leurs familles ou payer les études d'un frangin qui, au même moment, se pavanait peut-être avec sa casquette d'étudiant dans d'autres rues toutes semblables à l'autre bout de la ville. Debout en jupon sur les seuils, elles prenaient le frais, buvaient goulûment du lait à la bouteille ou s'occupaient du poupon confié par une voisine le temps de faire ses courses. Le plus souvent, c'étaient des campagnardes que l'indigence avait chassées des provinces du Nord-Est. Elles faisaient de leur mieux pour soulager le citadin de son ennui de vivre, et espéraient se libérer en une ou deux saisons, pour ouvrir un petit commerce en ville, ou remonter vers leurs campagnes de l'Iwate ou de l'Aomori Ken avec quelques dents aurifiées, quelques bibelots de la capitale et assez d'argent pour trouver un mari. Souvent elles y parvenaient, et personne ne leur en voulait là-haut de leur passé. Et puis, comme disait la geisha de *L'Honorable Partie de campagne : Quelle différence y a-t-il donc entre une femme mariée et une o-joro san* (prostituée) ? *Ni l'une ni l'autre n'ont choisi leur destinée : c'est M. leur père qui en a tiré tout le profit...* (Thomas Raucaut.)

Pas trop de délinquants dans Shinjuku. Parfois, tout de même, la police bloquait une rue, un cinéma, pour vérification d'identité et dirigeait tout son monde vers le poste où l'on passait quelques heures à fumer et plaisanter avec de vieux Crainquebilles perclus, marchands à la sauvette bien vexés de s'être fait pincer, qui protestaient en brandissant leurs patentes périmées, falsifiées, cuites par la transpiration. Le soleil dorait le sol natté du poste. Parfois un flic se levait pour ébouillanter la théière, ou pour morigéner quelqu'un — ils aiment —, mais ce n'était pas souvent qu'ils verbalisaient. L'ambiance assez bonasse était entre Breughel et Hokusaï.

Comme chacun sait, les rafles forment un lien solide et, dans le monde flottant de Shinjuku, même un étranger pouvait se faire des amis. C'est plus délicat à Araki-Cho. Non pas qu'on y soit xénophobe, mais on suppose à l'étranger une quantité d'habitudes exotiques, d'appétits incongrus, de lubies : sources d'impairs et de perplexité. Voilà déjà plusieurs mois qu'ils m'observent sans se découvrir. C'est qu'ici les relations ne naissent que bien rarement du caprice des individus, mais sont presque toujours, sous une forme ou une autre, le fruit d'un parrainage, d'une adoption, d'un consensus du groupe. J'ai évidemment appris ce que j'ai pu du japonais parlé — pour l'écrit, les deux mille idéogrammes auxquels les journaux se limitent et qui constituent une sorte de « démotique » demanderaient plusieurs années d'étude. J'ai commencé par mémoriser des proverbes. Tous les proverbes japonais qui touchent au malheur, au chagrin, à la malchance sont d'une grande force d'expression. *Une piqûre de guêpe sur un visage en larmes* vaut bien je trouve notre : *Un malheur n'arrive jamais seul.* Pour le reste, ils sont tout aussi sentencieux, plats, rassis, que les proverbes de chez nous, mais ils ont sur ma modeste opinion personnelle l'avantage d'être connus et approuvés par trois générations d'anonymes au moins. Un proverbe n'a pas forcément besoin de signifier quelque chose, sa fonction est de rassurer : au moins on sait où l'on va ! En tout cas ils font merveille. Quand je les place à bon escient, c'est chaque fois cette même stupeur incrédule qui salue ordinairement chez l'étranger la moindre preuve de tact, de savoir, d'à-propos... *O-djosu nêêêê !* (Est-il pas doué !) Exactement cette même phrase peut aussi signifier : « Travaillez dur, il s'en faut encore de beaucoup... » Mais ce n'est pas dans ce sens qu'on l'emploie ici, on n'est pas malveillant du tout : circonspect seulement, et peu disposé à entrer dans une relation sans avoir, déjà tout prêt, un moyen d'en sortir.

Une autre façon de montrer patte blanche est d'être très soigneux de sa personne. Mes logeurs dorment sur la natte, quatre dans une seule chambre, littéralement les pieds sur le cou du voisin. Dans la maison d'à côté, pareillement ; et dans celle d'en face. Mais cette promiscuité n'a pas d'odeur, car au Japon la propreté ne coûte rien : on peut faire blanchir et empeser une chemise pour le prix d'une belle pomme, et passer deux soirs au *sento* (bain public) pour celui d'un café. Un Japonais peut à la rigueur commettre quelques escroqueries, traverser bien des vicissitudes et compter encore sur de l'indulgence, mais s'il ne va pas au bain tous les soirs, c'est un homme perdu. Encore plus l'étranger qui, depuis les Portugais et Hollandais des premiers bateaux, a la réputation d'être un fameux malpropre qu'on suit sans peine à l'odeur. Le plaisir que les Japonais prennent aux ablutions de toutes sortes tient d'ailleurs autant du rite que de l'hygiène. Au *matsuri* du quartier — une fête propitiatoire, la plus attendue de l'année, où les hommes d'ordinaire si sobres se soûlent et promènent en titubant dans les rues étroites une lourde châsse qui balaie maladies et démons —, c'est encore de nettoyer qu'il s'agit.

Même jovialité au *sento*, où le quartier se retrouve chaque soir.

Côté « hommes », la pièce est tendue de miroirs dans lesquels la jeunesse locale considère et compare complaisamment ses biceps. On paie vingt-trois yens d'entrée, on reçoit un panier pour déposer ses vêtements, puis, accroupi devant les robinets en rampes qui font le tour de la pièce d'eau, on se savonne et on se rince avant d'aller rejoindre dans la piscine bouillante (quarante-huit à cinquante-deux degrés centigrades) des voisins soudain expansifs et bavards. Nulle part vous ne trouverez les Japonais si accessibles. Certains députés profitent même de ce « relâchement » et vont prendre jusqu'à dix bains par jour juste avant le scrutin pour endoctriner des électeurs béats et désarmés, dans l'eau jusqu'au menton.

Au *sento* d'Araki-Cho, l'heure de pointe suit la sortie du cinéma local. Les jeunes arrivent en bandes : des casseurs, éblouis ou nostalgiques, selon le film qu'ils viennent de voir, occupent le bassin et font des vagues. Vers minuit la place reste aux paisibles, aux vrais amateurs qui marinent, les yeux fermés, ou s'amusent avec les jouets — cygnes en plastique, sous-marins miniatures — oubliés par les gosses. L'élite du quartier : le postier et l'agent de police qui terminent leur journée tard, le poissonnier qui doit descendre chaque matin à quatre heures chercher son poisson à la criée du grand marché de Tsukiji et préfère dormir l'après-midi ; et *Kamishibaï*, le montreur d'images, qui préfère les baignades discrètes parce que, ayant passé sa guerre sur un atoll où l'on ne voyait rien venir, il s'était fait tatouer sur tout le corps, par étourderie et ennui, en même temps que toute sa section, des slogans militaristes qui sont passés de mode et qui font rire de lui.

Le côté « femmes » n'est séparé de l'autre que par une demi-cloison ajourée par-dessus laquelle on échange en famille quolibets, savonnettes et gants de crin. Autrefois tout le monde se baignait ensemble, et cette paroi est une concession faite à l'Occident puritain à l'époque où le Japon désirait si fort lui plaire. Elle est superflue. Le Japonais n'est pas troublé par le nu au bain ; il en a trop l'habitude, et si, exceptionnellement, il *est* troublé, eh bien ! où est le mal ? Sur ce point, il est plus naturel que nous. Il a dû rester longtemps perplexe devant notre société qui mettait des caleçons longs et faisait tant d'histoires pour entrer dans l'eau... puis garnissait ses jardins publics d'opulentes femmes nues représentant le Commerce ou l'Industrie.

Comme tous les Japonais, les gens d'Araki-Cho sont de consciencieux photographes. Je ne crois pas que le sens plastique, pourtant aigu, qui naît des idéogrammes soit pour quelque chose dans cet engouement. Car les photos de mes voisins sont toutes semblables. C'est plutôt le besoin de conserver un souvenir de ces instants mémorables — mariages, visites à des « paysages classés », remises de diplômes — où l'on est bien trop absorbé par l'organisation ou par l'étiquette pour en retirer du plaisir. Un penchant à la vie rétrospective qui est plus facile que l'autre. Et la passion des albums de famille. En visite, je suis à peine installé qu'on m'en pose un sur les genoux pour conjurer les premières minutes d'embarras et dans l'espoir de me fournir un sujet de conversation sans épines : les biches de Nara, le volcan Aso, les temples de Nikko.

Ces albums, j'en ai vu une bonne centaine au moins, qui m'en ont plus appris sur le pays que les séries des plus grands photographes. J'avais souvent du mal à y reconnaître mes hôtes, car la mise au point était faite sur un frère aîné, un supérieur placé un bon mètre en avant du groupe qui s'estompait, lui, dans un flou déférent. Tant pis. Je regardais l'oncle, ou des vieilles au chignon discipliné toutes droites devant la façade d'un temple, des marmots aux joues énormes sous leur lugubre casquette noire d'écoliers du secondaire. En tournant les pages, je voyais la vie tailler dans ces visages qui maigrissent autour d'un regard de plus en plus chargé, et surgir un Japon frugal, introverti et pathétique qui n'est certes pas celui des prospectus.

Dans ma rue, chaque famille, même la plus pauvre, avait son appareil photo accroché bien en évidence, comme chez nous la couronne de mariée. Aujourd'hui, ils auraient tous des Minolta. Alors, c'étaient souvent de ces modestes « boîtes » de série, si décevantes, avec lesquelles même ceux qu'on photographie à bout portant sortent tout petits sur le négatif. J'étais le seul ou presque à posséder une caméra convenable et j'ai souvent été mis à contribution : le marchand de tabac désire une photo « posée » ; on voudrait bien ici et là un souvenir des bébés avant qu'on ne leur rase le crâne, car la saison chaude approche et la bourbouille aussi ; la coiffeuse rêve d'envoyer un portrait qui l'avantage à son amoureux qui n'écrit presque plus. Je revois très bien son visage : une petite femme fragile et blême qui ne surestimait pas ses chances de plaire et que, à force d'éclairages truqués, de coups de fer à friser, de fond perdu, j'avais pu transformer en une sorte d'Yvonne Printemps maladive.

A Araki-Cho, on n'accepte évidemment pas une faveur sans la retourner, et mes offices me valent quelques présents minuscules : deux œufs, un boîte de crabe, un timbre-poste australien, une poire que je trouve en rentrant le soir devant ma porte, enveloppée comme un diamant. Moi, j'engrange ces trésors, bonne à tout faire photographique devant laquelle les portes commencent à s'entrouvrir.

Avril : le printemps hâtif et bâclé. La brusque lourdeur de mai. La mousson de juin : la *nyubaï*. Chaque soir le ciel se plombe et la pluie s'installe. On l'entend partout résonner sur le papier huilé des ombrelles. L'air est saturé d'humidité ; plus rien ne sèche et, juillet venant, la chaleur passe de trente à trente-cinq dans les maisons. Au fond de leurs échoppes, les vieilles couchées sur le côté s'éventent, la poitrine nue, en soupirant : *Saa... atsui !* (Fait-y donc chaud !) Pour se donner du cœur, on accroche au-dessus des seuils de petits grelots de bronze dont le son ravissant « rafraîchit ». Mauvaise époque : la chaleur émousse l'énergie, la *nyubaï* agace les nerfs et, sous une somnolence apparente, on est vindicatif et irascible. Les trois flics de notre poste — ces paisibles joueurs de go — ont l'autre soir si bien corrigé une putain qui les insultait qu'elle en est morte et qu'on les a mutés après quelques explications embarrassées. J'ai trouvé ça tout par hasard dans le journal, car je suis bien le dernier ici auquel on aurait rapporté cette histoire. L'apoplexie et l'eczéma s'en donnent à cœur joie. Sur les routes, les chauffeurs de poids lourds s'endorment au volant et transforment leur camion-citerne en camion-cercueil. Le taux de suicides augmente et celui des usuriers aussi. Le commerce languit. Chez les plus pauvres l'*obasan* (la grand-mère, qui s'en laisse moins conter) a déjà pris d'un pas traînant la direction du prêt sur gage, un baluchon sous le bras. Mauvaise époque.

Ota san, mon propriétaire, m'a rendu visite l'autre jour pour « s'enquérir de ma santé ». Façon délicate mais précise de rappeler que je lui dois un terme. Ses affaires laissent un peu à désirer et les hideux petits meubles de bureau qu'il fabrique ne se vendent guère en ce moment : qui pourrait coincer ses genoux sous une table et travailler dans cette fournaise ? Plus moi. Voilà déjà une paie que les magazines japonais ne m'achètent plus une ligne. En attendant que la chance tourne, je m'en tire avec soixante yens (un franc français) par jour : dix de blanchisserie (important), vingt-trois pour le bain public (indispensable), dix de pain, dix de lait et un œuf (pesé) à sept yens lorsque j'en trouve un suffisamment petit. Je roule mes cigarettes dans du papier avion avec un vieux fond de tabac de pipe et les colle au riz bouilli. Quand Ota san les a vues — on ne roule pas les cigarettes ici —, il est parti d'un rire irrépressible, enfantin, délicieux. Avec son vieux visage plissé, ses chaussettes reprisées, son complet qui « pochait » aux coudes, aux genoux, au derrière, ses dents jaunies et écartées, il avait l'air d'un bon lapin salace, un peu mité. Je lui en ai offert une qu'il a déposée comme une relique dans son portefeuille, et qu'il a sans doute montrée partout. Pas un mot au sujet du loyer. De ce jour le quartier a changé, il s'est ouvert, m'a laissé voir des faibles qu'il m'avait pudiquement cachés. On m'a raconté l'histoire des trois gendarmes que je connaissais déjà : un homme qui roule ses cigarettes peut bien comprendre un moment de colère. Il ne risque d'humilier personne. On s'est serré un peu pour me faire place. On peut bien pour un maigre. Pour les gros il faut trop se pousser.

# XVI

## LE PIED DU MUR

*Le Rat, le Lièvre, le Cheval, le Coq*
*Le Bœuf, le Dragon, le Mouton, le Chien*
*Le Tigre, le Serpent, le Singe, le Sanglier*

VOILÀ l'ancien cycle zodiacal chinois par lequel les Japonais désignent les années, les mois et les heures du jour. 1956 était l'année du Singe ; 1966 celle du Cheval de Feu, où il est fort déconseillé d'engendrer des filles.

Au mois du Mouton de l'année du Singe, je me suis cru tiré d'affaire lorsqu'un magazine m'a demandé vingt pages, soit vingt mille yens payables à livraison, sur... Erasme et Calvin ! ? Le Japon est le pays des *boom* et se trouvait cet été-là en plein « culture-boom ». Chaque jour de nouvelles revues se fondaient pour apporter au pays ce que l'étranger avait produit de plus rare, de plus subtil, de plus élaboré. Chaque jour, il en disparaissait autant, qui n'avaient pas dépassé le troisième numéro. Budgets trop minces, bureaux microscopiques, rédacteurs faméliques et charmants... et des ambitions sans limites. Dante, Balzac, Shakespeare ?

Archiconnu, tout ça ! et bon pour ceux qui lisent dans le métro. Non : on voulait du ténu, de l'érudit, du mince : Senancour plutôt que Rousseau, Buxtehude plutôt que Bach. Erasme et Calvin, donc. Heureusement qu'à Tokyo il y a des bibliothèques, où j'employai mes derniers sous à relever sur ces deux personnages des opinions plus autorisées que la mienne. Quand je suis allé livrer mon article — une heure à pied — dans une ruelle du quartier de Kanda, j'ai trouvé la rédaction en faillite, le bureau fermé, le directeur absent. En fin d'après-midi j'ai remis la main sur lui : il s'était déjà fait embaucher comme polygraphe dans un *ero-zashi* (magazine érotique). Il a aussitôt décroché sa veste et m'a emmené au café. Je lui ai mis mon texte sous le nez : « Qu'est-ce que je vais faire avec Calvin ? Je ne peux pourtant pas le manger ! Et je n'ai plus un yen. » Il s'est caressé un instant le menton, les yeux fermés en murmurant *komatta koto naa* (une chose dont j'ai à rougir), puis m'a suggéré d'en extraire deux ou trois pages — « en changeant le genre, vous savez : les bains, les femmes... comme Brantôme, quoi ! » — qu'il proposerait à son nouveau patron. Mais je ne me sentais plus le courage de tirer, même Erasme, vers la lubricité. Surtout, il faisait trop chaud. L'esprit vidé par l'été, on se dévisageait par-dessus un hamburger-steak qui devait être le dernier de longtemps.

*Pourquoi ne pas faire dormir un peu vos troupes qui viennent de passer trois jours sans sommeil ?* demandait un journaliste américain à un officier japonais de la campagne de Chine. Il s'entendit répondre : *Mais c'est que mes soldats savent très bien dormir, c'est le contraire qu'ils doivent apprendre.*

Je commençais à savoir manger à la japonaise, il m'a donc fallu apprendre à ne plus manger du tout. Dans les deux mois qui ont suivi la guerre, quand on prenait d'assaut les trains vers la campagne pour aller échanger les dernières reliques familiales contre deux navets ou trois œufs, tous mes voisins d'Araki-Cho on dû passer par là. Un apprentissage complète d'ailleurs heureusement l'autre et, pour le voyageur, c'est le meilleur moyen de vaincre les dernières réticences qu'inspire une cuisine étrangère. Au bout d'une semaine de diète, les fumets et saveurs qui me paraissaient suspects il n'y a pas si longtemps encore me vont droit à l'estomac. Sitôt qu'il en sera de nouveau question, je mangerai de *tout* : du *daïcon*, du *renkon*, gros navets jaunes obscènes au goût fort et suri que l'on fait macérer dans de la saumure, du bouillon d'algue, de la limule crue *(tabiebi)* débitée en rondelles, de ces gros coquillages noirâtres *(sasae)* dont le saké n'enlève pas l'amertume, même le *misoshiro*, la soupe aux fèves rouges du petit déjeuner dont le fumet aigre et brûlé m'a si souvent soulevé le cœur, je l'aime à distance. Je suis acclimaté.

Quand les choses tournent mal, plutôt que de trop attendre des gens il faut aiguiser ses rapports avec les choses : c'est un simple mur qui m'a tiré d'affaire. Le long de la ligne du tram 7, dans le quartier d'Azabu, et sur le trajet interminable que je faisais depuis quelques jours à pied pour chercher mon courrier. Je m'étais assis pour me reposer sur une poubelle fermée et, relevant les yeux, je l'ai vu : un long mur de béton que les moisissures de l'été et des champignons de salpêtre festonnaient comme un rideau de théâtre. Sur toute la longueur du « décor », le trottoir providentiellement surélevé formait une sorte de scène, et tous ceux qui y passaient étaient bon gré mal gré transformés en « caractères », amplifiés comme un écho, projetés dans le comique ou dans l'imaginaire. Je me suis dit : c'est la fatigue. J'ai fermé les yeux un moment. Quand je les ai rouverts, ça continuait à défiler, comme les personnages toujours plus nombreux d'une histoire racontée dans une langue étrangère. Je suis allé regarder de plus près : la surface était d'une belle matière veloutée, celle d'un vieux pot sorti du four. Entre les trous de coffrage et quelques graffiti indécis, une main enfantine mais résolue avait écrit *baka* (imbécile). Je l'ai pris pour moi : j'avais dû passer cent fois là-devant sans rien voir. Mais c'est qu'alors j'en avais moins besoin. Juste en face, entre la voie du tram et la rue, un dépôt de détritus, de cageots, de caisses, fournissait un observatoire commode pour voir sans être vu. Je suis remonté dare-dare vers ma chambre : quatre kilomètres. Suis allé vendre mes derniers livres à Shinjuku pour m'acheter du film. J'en ai trouvé tout un lot, bradé à moitié prix. « Tombé dans l'eau de mer », dit le marchand. On verra bien.

... Voilà quatre jours que je vis accroché comme une tique devant mon mur-théâtre. Installé sur une caisse, l'appareil sur le ventre, je regarde défiler ce quartier qui ne me voit pas. Côté cour comme côté jardin, la vue est dégagée, je surveille ceux qui approchent, je suppute leur vitesse et leur trajectoire, je me tiens les pouces pour qu'ils se croisent devant mon rideau, qu'ils se saluent ou, mieux encore, s'engueulent. Mais on ne s'engueule pas au Japon.

J'ai même de la compagnie : trois chiffonniers édentés

et pansus qui passent la journée comme des mulots dans ces ordures. Ils sont à pied d'œuvre avant moi, pour le tombereau que la voirie verse ici chaque matin. Deux vieux, une vieille à la peau grise, aux dents déchaussées. L'après-midi, adossés aux tas que la fermentation fait mitonner, ils lisent, la sueur au front, des fragments de magazines arrachés aux poubelles : des journaux de catch, des bandes dessinées, des pages collées d'épluchures ou constellées de pépins de pastèques. Tous trois portent des lunettes de fer — sans doute trouvées dans un des tombereaux — qui leur fatiguent plutôt la vue. Parfois la femme crache sur les verres et les nettoie avec un pan de sa chemise, dans l'espoir d'y voir plus clair, pendant que ses vieux compagnons la taquinent, la lutinent et la plaisantent. Ce sont des *Eta*, ces anciens parias dont la restauration Meiji a fait des Japonais comme les autres. Mais ils continuent à se partager les bas métiers avec les Coréens. Le monde les méprise et j'ai l'impression que ces trois-là le lui rendent bien. Ils s'intéressent à mon entreprise comme à une sorte de vengeance et ricanent chaque fois qu'un de ces passants qui ne les verrait pas est « vu ». Vers cinq heures, il filent vendre au métro d'Ueno ce qu'ils ont ramassé ici, et dorment je ne sais où.

Alors, j'ai le mur pour moi. C'est la plus belle heure de lumière. Quand le vent souffle du nord, l'odeur de saucisses du restaurant bavarois Rheinland descend de Kasumicho et vient me flatter les narines. Quand je m'embête, je descends jusqu'à la librairie d'occasion, cent mètres au sud de mon mur, où j'ai trouvé entre des magazines le pire de Sade et de Restif, en éditions anglaises pirates imprimées à Taiwan. Je m'empourpre un bon coup à lire debout ces obscénités rayonnantes, puis je retourne à mon mur. Quand j'ai faim, je trouve toujours dans les épluchures quelques tomates parfaitement comestibles oubliées par mes collègues, et constate que les Japonais ont raison lorsqu'ils accusent les *Eta* d'être négligents.

Ce soir j'ai terminé mon dernier film. Heureusement. En quatre jours, j'étais devenu mythomane. Les simples passants ne me suffisaient plus. Devant mon mur, je voulais de l'action, une querelle, un assassinat... l'empereur.

Je remonte lentement vers mon quartier et ma chambre. A l'ouest, une brume de lumière flotte au-dessus de Shinjuku. Araki-Cho est silencieux. On peut entendre l'eau s'égoutter au *sento* désert d'où deux filles sortent en tordant leurs cheveux. Je regarde les affiches déchirées des palissades : Rikidosan, le catcheur coréen qui est cette année l'idole du Japon, *Nekrasov*, qu'on joue à Shinjuku, et les mises en garde contre l'incendie : *Kaji wa haji* (l'incendie chez vous, c'est la honte). Pas la ruine, la *honte*. Et Néron qui faisait ça pour la gloire !

Le charbonnier est assis sur son seuil, une serviette autour de la tête. Sa grosse face, elle aussi, a fondu cet été. Il lit dans le journal du matin un article sur trois colonnes : « Pourquoi n'avons-nous pas d'écureuils à Tokyo ? » A défaut on a des cigales : voilà dix jours, Mushiya-san, le marchand d'insectes chanteurs, est passé avec sa charrette et chacun s'est acheté une bestiole logée dans une petite cage d'osier. Chaque nuit, à l'heure la plus secrète, s'élève un grincement menu et solitaire, puis cent, puis des myriades, jusqu'au moment où tout le quartier ronfle comme un immense champ de blé. Ça me rappelle le vieux refrain qu'on chante encore dans le Kansaï :

> *Kirî-giri sua*
> *Khane de naku ka-ayo...*
> *Semi hara de naku...*

« Le grillon pleure avec ses ailes. La cigale pleure avec son ventre, mais moi, plus avisé, je viens pleurer sur ta poitrine. »

Ici, pendant l'été, la vie est mince et maigre comme la trame d'un vêtement solide mais usé ; et puis il y a ces instants d'une douceur inoubliable, peut-être parce qu'ils sont payés si cher. Et il n'est pas raisonnable d'en demander davantage...

Mon mur-théâtre, je l'ai vendu à un magazine de Tokyo. Deux rédacteurs d'abord, qui se repassaient les photos, perplexes. Puis quatre, puis huit, puis seize. Eux aussi, pendant des années, ils étaient passés devant sans le voir. Voilà ce qu'on récolte à toujours prendre le taxi ou le tram.

Cela m'a fait à peu près la moitié d'un billet pour l'Europe, et m'a valu d'un étudiant malade dans un hôpital de la ville une lettre qui se terminait ainsi (je respecte le japanglais) :

*From childhood I have been dreaming a big, fat, nice trip like yours. But anyway, it was only a dream...* Trois billets de cent yens étaient épinglés au bas de la feuille avec dessous : *This is very small money, please buy the ink and paper for your task. Excuse me the letter of no consequence. I hope your big success. (Signé : K. Morohashi.)*

### *Interlude*

J'ai acheté le papier et l'encre, et, huit ans plus tard, je suis revenu. Mais avec femme et enfant. En 1964, l'année du Dragon. Le pays, le souvenir que j'en avais, moi-même : tout s'était modifié. Rien ne s'ajustait plus. Tout était à reprendre. Le « vitamine boom » avait remplacé le « culture boom » : on s'injectait des ampoules en famille ; des ouvriers s'écroulaient, le sang trop enrichi par des produits improvisés.

On avait fermé les « Maisons » et les paysannes en jupon de Shinjuku-ni-chome étaient retournées définitivement à leur rizière et à leurs navets. Shoji, le barman-poète qui m'avait prêté les tables de son café pour ma première nuit à Tokyo, était sous-directeur d'une affaire de plastiques et travaillait son golf.

On ne parlait plus japanglais, mais « bon » anglais seulement, et les flics travaillaient dur la syntaxe pour les *Orimpiku* (Olympiades). Pour les Olympiades encore, on avait recrépi *mon mur* à neuf ; l'ancien faisait désordre.

Même Rikidosan, l'idole du catch dont on trouvait jadis le portrait partout, était mort au sommet d'une éblouissante carrière de truand, poignardé dans les toilettes d'une boîte de nuit qui lui appartenait. Deux ministres en exercice avaient suivi le cercueil de cet ami, si utile. Quand gendarmes et voleurs commencent à s'envoyer des couronnes, c'est qu'une société a repris son aplomb. En apparence, il n'y avait que l'empereur, le drapeau, les tournois de sumo et l'odeur des watères qui n'avaient pas changé. Du Tokyo inquiet, désordonné et chaud qui m'avait séduit, plus trace.

J'allai m'établir à Kyoto.

*Troisième partie*

# Le pavillon du Nuage auspicieux 1964

# XVII

## LE TEMPLE DE LA GRANDE VERTU

AVEC leurs perspectives de lanternes et leurs néons, la plupart des villes japonaises se donnent la nuit l'air de métropoles. Le jour venu ce ne sont plus que des agglomérations poussées trop vite sous un feston de lignes électriques, d'isolateurs et d'enseignes éteintes. Le visiteur a l'impression qu'on l'a trompé.

Pas à Kyoto. Malgré son dialecte lent et chanté qui fait province et la multitude de ses petits commerces et entreprises familiales, c'est toujours la Cité impériale tracée et bâtie il y a treize siècles, dans un immense quadrilatère, par des magistrats, des stratèges, des astrologues et des jardiniers que l'exemple de la Chine incitait à ne pas lésiner sur les proportions. Avec son quadrillage d'avenues et de ruelles, ses myriades de temples, cimetières, jardins de pierres, de mousses ou d'azalées, ses marchés, ses quartiers d'artisans, c'est la seule ville du Japon où l'on sente un espace intérieur et un plan concerté. La seule où le promeneur perçoive ces axes, ces points cardinaux auxquels la géomancie attachait autrefois tant d'importance, et l'influence subtile qu'ils exercent toujours sur l'allure et l'ambiance de la ville. « Dix minutes à pieds au nord, quatre au nord-ouest, et, de là, c'est cent mètres environ vers le sud » : voilà comment les gens de Kyoto, qui ont tous une rose des vents dans la tête, vous indiquent votre chemin.

Kyoto est protégée des typhons sur trois côtés par sa ceinture de collines. Un sous-sol sans fissures lui épargne la plupart des tremblements de terre. L'intervention d'un ancien consul américain lui a évité les bombes des B-29. Je mettrais volontiers Kyoto au nombre des dix villes du monde où il vaille la peine de vivre quelque temps.

Comme Florence ou Ispahan, c'est aussi, hélas ! une de ces villes d'art un brin exténuée d'avoir trop été, où vous ne trouvez pas une poutre qui n'ait été sculptée ou décorée par un artiste célèbre, pas un rocher au pied duquel deux guerriers fameux ne se soient occis, où la « densité culturelle » est si forte que, tout occupé de savoir, de distinguer, d'apprendre, on n'a parfois plus le temps de sentir, d'autant moins que les fins connaisseurs qui vous entourent vous engagent à travailler plus dur encore ; ville de spécialistes et de critiques où un benoît respect académique tient trop souvent lieu de fraîcheur — Kyoto, qui connaît bien ses faibles, a tiré de celui-ci un excellent proverbe : « Jette une pierre au hasard, tu blesses un professeur. »

L'étranger, qu'il soit d'Osaka, de Tokyo ou de Denver (USA), y est considéré comme un mal nécessaire : cheptel touristique que l'on fait paître en hâte avant de le diriger par troupeaux sur la gare du départ. Pour éviter des promiscuités dont ils n'attendent rien de bon, les habitants de Kyoto qui connaîtraient quelques mots d'une langue étrangère jugeront plus prudent de n'en rien montrer.

Il n'est pas très facile d'y trouver un logis.

### *Mai 1964, dans le quartier nord-est*

J'ai pu louer — un coup de chance — un bâtiment dans l'immense enceinte du temple bouddhique du Daïtoku-ji. Littéralement traduite, notre adresse donne : « Pavillon de l'Auspicieux Nuage, Temple de la Grande Vertu, Quartier de la Prairie Pourpre, Secteur du Nord, Kyoto. »

*Au-dessus pas une tuile pour couvrir la tête*
*Au-dessous pas un pouce de terre pour le pied.*

Depuis les jours où il se définissait lui-même en ces termes, le bouddhisme zen s'est bien étoffé : jamais depuis que je voyage je n'ai été logé plus grandement qu'ici. L'enceinte du temple de la Grande Vertu n'entrerait pas dans le Champs-de-Mars, et il faudrait des vies longues et nombreuses pour compter les tuiles de ses toits. Le Daïtoku-ji (le nom de ce temple) est l'une des deux sources de la secte *Rinzaï* du bouddhisme zen japonais et gouverne à travers le pays une centaine de temples issus de la lignée. C'est un grand complexe entouré de murs de pisé et qui comprend trois portes monumentales à la chinoise, un *honbo* (temple principal), un *sodo* (monastère), un beffroi au toit cornu qui abrite la cloche de bronze dont les vibrations règlent l'horaire de la vie monastique ; enfin une vingtaine de temples subsidiaires nichés entre leur cimetière et leur jardin, qui ont chacun conservé leur ambiance particulière, leurs traditions, leur clientèle, leurs intrigues et sont souvent à « éventail tiré ». Entre ces murs discrets, un réseau d'allées pavées à grandes dalles de pierres grises. Des bouquets de pins. De très hautes frondaisons compassées et criantes de cigales. Du silence entre les cigales. Dans un cimetière, un bonze en surplis framboise récite des *sutra* sur une tombe, et c'est comme une fontaine entendue de très loin. Des odeurs de résine, des enfants invisibles qui crient *chi-chi* (papa) quelque part dans ce labyrinthe, puis quelques vagues de ce silence hautain. La silhouette dansante du livreur d'un bistrot chinois sur un vélo qui grince. Deux abbés se croisent, se saluent bien bas et s'éloignent n'en pensant pas moins. L'un est un saint, l'autre une canaille, et ils se connaissent pour ce qu'ils sont : voilà la vraie courtoisie. Ici, pas un geste ni un mot dont on n'ait pesé d'avance les plus minces conséquences. Derrière cette paix austère, on sent des ressorts bien tendus, et, sous cette politesse engourdie et confite, une vigilance qu'on ne doit pas souvent prendre en défaut.

Dans le hall de cérémonie qui est derrière la troisième porte, un bouddha de bois doré haut de dix mètres sourit de voir ses fidèles manœuvrer si adroitement et marcher — avec quelle prudence — sur des œufs qui n'existent pas.

En plein milieu de l'enceinte, le pavillon du Nuage auspicieux.

En fait de pavillon, c'est un grand temple derrière une porte massive où on logerait facilement à vingt, et qui se dressait encore il y a une génération dans les campagnes du nord du Japon. Le Daïtoku-ji, qui avait reçu le bâtiment en héritage, l'a fait démonter pièce par pièce, transporter et reconstruire dans ce jardin plein de bambous, de citronnelles et de papillons blancs. Ensuite, on n'a plus su au juste ce qu'on voulait en faire et, après beaucoup de tractations et de brigues, l'« Auspicieux Nuage » a passé dans la mouvance du temple du Ryosen-An, qui l'a loué à un sinologue occidental qui vient à son tour de me le sous-louer pour cinq mois avec domesticité, cahier des charges et une infinité de conseils de prudence qui se résumaient à ceci : faites tout ce que vous voulez...sauf « mauvaise impression ».

La charpente, nouvellement rebâtie, n'a pas encore repris le jeu qui permet d'amortir les secousses telluriques, et les plus faibles d'entre elles prennent le toit en enfilade avec un grondement sourd.

— Vous verrez, *dannansan* (maître), me dit le jardinier, la nuit ça vous réveille, comme un tigre au galop sur le toit.

C'est un homme d'une cinquantaine d'années, cauteleux, les yeux bilieux dans un visage lisse, et contre lequel on m'a mis en garde. Pendant qu'il sarcle mollement ses herbettes, il nous observe, compte les bouteilles de bière vides et rapporte tout ce qu'il remarque de suspect (orgies, déprédations, négligences, etc.) à l'abbé d'un temple voisin qui a des visées sur ce pavillon. On m'a dit : « C'est un homme du Zuïo-In. » Quant à la femme de ménage qui passe chaque matin à grande eau les corridors de bois polis comme de la soie, elle est tout acquise au *honbo* (le temple principal) et épluche probablement les corbeilles à papier. Tout à fait comme dans ces romans de Walter Scott où un cavalier ne peut passer sans qu'on murmure : « Un homme du prince Jean... une créature du duc d'York. » Nous avons encore la charge d'un grand matou roux et neurasthénique qui se met à griffer et à mordre s'il ne reçoit pas sa raclée hebdomadaire. Nul ne sait pour le compte de qui il espionne, mais on lui pardonne son caractère pervers à cause de la virtuosité avec laquelle il attrape et tue les grands *mukade (Scolopendra japonica)* venimeux qui nichent dans les poutres du toit, dégringolent parfois sur les dormeurs et dont la morsure vous fait enfler comme une citrouille et purule pendant deux bonnes semaines. Enfin, dissimulé dans une armoire, notre pire ennemi : « La Machine. » C'est un vieil automate tout cuivre, manettes et thermostats, relié par câbles souterrains aux principaux bâtiments de l'enceinte et qui, à la moindre chaleur suspecte, déclenche un timbre assourdissant dans notre temple et un signal d'alarme chez les pompiers du voisinage. Quand l'été est trop chaud, la machine se détraque, part toute seule et, par tous les côtés, cette enceinte d'ordinaire si calme est envahie de voitures rouges, d'ambulances, de flics, cloches, sirènes, et tout ça s'arrête en arrachant les pneus devant notre porte, saute à terre, met des lances en batterie : un véritable abordage.

Lorsqu'ils sont enfin convaincus qu'on ne voit pas la moindre fumée et que rien ne brûle nulle part, cette vague d'assaut mollit. Ils commencent à replier leur matériel, s'asseyent sur le marchepied des voitures avec des rires embarrassés, et on ne leur ôtera pas de l'idée que, d'une façon ou d'une autre, ce sont les étrangers qui ont déréglé l'automate.

A cela près, nous sommes chez nous, et c'est superbe.

> *Cessez de vous en faire*
> *Et suivez le courant*
> *Si vos pensées sont liées*
> *Elles perdent leur fraîcheur*
> Seng-t'san

— Quels mérites me suis-je acquis en répandant la Bonne Loi ? demandait l'affable empereur Wu, grand protecteur du bouddhisme, au moine Bodhi-dharma, fondateur du Zen en Chine.

— Pas le plus léger, répondit le patriarche.

— Quel est alors le premier principe de la Doctrine sacrée ?

— Aucun : il n'y a rien de sacré.

— Alors qui donc êtes-vous pour vous présenter ainsi devant Nous ?

— Je ne sais pas !

L'empereur aurait dû se douter qu'une pareille rustrerie chez un saint homme cachait quelque chose qui méritait d'être examiné de plus près, mais il se contenta de lui montrer la porte et sombra dans la perplexité.

Quand, mille ans plus tard environ, François-Xavier débarque à Kagoshima, il fut reçu de la façon la plus aimable par les bonzes du temple zen qui dominait la ville. On lui fit visiter le quartier des moines et le *zendo* (la salle de méditation), où les novices étaient assis dans la position du Bouddha sur son lotus, les yeux fixés à trois pas devant eux, absolument immobiles.

A la question : « Mais que font-ils ? » son ami le bonze Ninjitsu répondit : « Certains comptent ce qu'ils ont reçu des fidèles le mois dernier ; d'autres se demandent comment s'y prendre pour être mieux nourris et mieux vêtus ; d'autres encore pensent à leurs loisirs, bref, *aucun d'eux ne pense à quoi que ce soit qui ait un sens quelconque.* »

Une réponse absolument honnête. François-Xavier aurait dû se demander si, chez les gens dont il admirait le caractère, une pareille trivialité ne cachait pas quelque chose d'important. Il n'eut pas cette prudence et se contenta de constater par la suite que, dans la discussion, les moines zen étaient des adversaires formidables et que, malgré leur esprit vif et ouvert, il n'y avait pas moyen d'en convertir un seul.

Voilà deux types de réponses à la question : « Qu'est-ce que le Zen ? » La première, d'une muflerie délibérée ; la seconde, d'une platitude si quotidienne que notre esprit occidental épris de catégories se demande comment diable y rattacher le plus petit lambeau de « sacré ». Et si vous interrogez sur ce point un moine zen qui vous a un peu d'amitié, vous risquez enfin de recevoir pour toute explication un solide coup de bâton entre la nuque et l'épaule.

N'étant ni moine, ni patriarche, ni même « zenniste » amateur, ces trois moyens de m'en tirer m'échappent et force m'est bien d'expliquer un peu. Contrairement à l'idée que l'on s'en fait parfois, le Zen n'est pas un phénomène « détaché », une monade dont on pourrait traiter isolément comme, disons, l'humour noir ou la tauromachie. Le Zen est une des leçons que l'Asie a tirées du bouddhisme, et, quelles que soient les libertés qu'il ait pu prendre ensuite, il reste lié à cette révélation.

Le terme japonais *Zen* vient du chinois *Ch'an*, lui-même corruption du mot sanscrit *Dhyan*, qui signifie méditation. Après avoir médité pendant des années, le Bouddha Çakya-Muni « traversa le miroir » et se trouva éveillé à un monde indiciblement harmonieux où les contraires étaient réconciliés, les distinctions abolies, et dont nos définitions ne pouvaient évidemment rendre compte. Il comprit aussi que toute créature vivante devait et pouvait, pour être achevée, parvenir à cette illumination. Toute sa vie, il prêcha la méditation et l'éveil. Il dit encore que personne ne se réchauffe à un feu éteint et que, lui une fois disparu, il faudrait l'oublier. Puis il mourut. Alors on lui dressa des pagodes, on tailla de lui des effigies gigantesques, on lui adressa des prières, on se mit à gloser, philosopher, ergoter sur sa doctrine, sur les « Douze Causes » ou les « Huit Moyens », bref, à construire des châteaux de nuages où l'on pût commodément se rendormir. Méditez et réveillez-vous, cherchez en vous sans que rien vous arrête la vie que vous ne voyez pas : voilà ce que le Zen a retenu du bouddhisme et, pour lui, Çakya-Muni n'a jamais rien dit de plus. Tout le reste, la dévotion aux images, l'hagiographie, l'étude des textes, des systèmes, les spéculations, les symboles, etc., n'est finalement que détour, fioriture, refuge contre la vie, imposture, os à ronger qui vous retarde, glu pour l'esprit, midi à quatorze heures. Le Bouddha parlait libération ; vous nous parlez adoration du Bouddha, vous manquez l'essentiel : *Il faut un doigt pour désigner la lune, mais celui qui prend le doigt pour la lune ira droit comme une flèche en enfer,* dira plus tard le Zen.

Y a-t-il jamais eu en Inde une école Dhyana ? On n'en sait rien. Mais on sait qu'entre le Ve et le VIe siècle de notre ère, des moines indiens colportèrent ces idées en Chine et qu'elles y furent très bien reçues par les taoïstes. Le Tao (la philosophie de Lao-tseu, VIe av. J.-C.) professait lui aussi que notre esprit est un trouble-fête qui s'interpose entre la vie et nous, que nous sommes victimes de nos catégories et que seul un simple ou un enfant pouvait percevoir l'harmonie qui règne entre les choses et « nager avec le courant ». A en croire les histoires de l'époque, on rencontrait parfois dans les campagnes chinoises des ermites taoïstes en promenade, tellement enivrés de retrouver l'Un partout et si oublieux des différences qu'ils passaient au travers des rochers sans même s'en apercevoir, à la stupeur des paysans.

Ces deux mentalités se combinèrent pour donner naissance au Ch'an, le bouddhisme zen chinois qui connut sous la dynastie T'ang (VIIe-Xe siècle) une floraison admirable. Les collines se couvraient de monastères où les novices venaient apprendre auprès d'un maître à libérer leur esprit. On les exténuait de travaux domestiques : couper le bois, jardiner, préparer la nourriture et le bain des moines. On ne leur enseignait rien du tout, et l'on tournait en ridicule leur connaissance de la doctrine en leur montrant qu'elle ne les rendait pas plus capables qu'un autre de se débrouiller dans les circonstances les plus simples. On les obligeait à concentrer leur esprit pendant des heures — sans bouger ni s'endormir — sur des devinettes (en japonais *koan*) d'une incongruité voulue, qui n'avaient évidemment pas de solution logique et sur lesquelles l'esprit s'usait les dents. Journellement ils devaient aller rendre compte au maître des progrès de leur *koan*, et toutes les réponses qui sentaient la leçon apprise, le « seconde main », le raisonnement inductif, étaient accueillies par un rugissement malséant, une claque, un bon coup de bâton. Peu à peu, l'intellect du novice était ainsi débusqué de tous ses repaires, dépouillé de ses habitudes acquises et de ses ruses, privé du mirage *en l'occurrence* si dangereux des concepts et des mots. Bientôt il ne savait plus où donner de la tête, il était *a quia*, désespéré, perdait le sommeil... jusqu'au moment où la pression accumulée faisait sauter la cuirasse mentale comme la coque d'un marron et où il se trouvait débarqué dans un monde (celui-ci, le même, sa cellule) qu'il lui semblait voir pour la première fois « en relief », dans un déferlement d'évidences merveilleuses. C'était l'Eveil, en japonais le *satori*. Un fois ce cap franchi, la solution du *koan* sautait d'elle-même aux yeux, bien plus simple que tout ce qu'on avait cherché, ou absurde (ce qui est sans importance : le *koan* n'est qu'un outil qu'on jette après qu'il a servi), parfois un simple geste, parfois une bourrade à couper le souffle dans les côtes du vieux maître vénéré qui ne s'y trompait pas et saluait cette agression — pour autant qu'elle « fît le carat » — d'un énorme éclat de rire qui signifiait : « Vous y voilà donc. » Et il le renvoyait sur les routes, ou le prenait comme successeur. Désormais, le bonze éveillé pouvait employer sans danger à n'importe quelle besogne cet esprit qu'il avait purgé : calligraphie, poésie, et même étude des *sutra* ou philosophie bouddhique. Il était vacciné, ne risquait plus d'avoir la tête enflée, ni de « prendre le doigt pour la lune ».

A la fin de l'époque T'ang, le bouddhisme zen était une des plus grandes forces intellectuelles de la Chine ; sa spontanéité et son naturel rajeunissaient tous les arts, et les routes étaient sillonnées par des maîtres qui entreprenaient, un bâton à la main, de formidables voyages pour se rendre visite et se porter des défis malicieux. La peinture zen japonaise, qui a fait plus tard de ces bonzes itinérants un sujet de paravent, les représente comme des espèces de croquants hirsutes, d'une gaieté rugissante, ayant réponse à tout, ne respectant rien sinon la vie, tournant en bourrique Confucius, ses règles et ses courbettes.

Voici quelques *koan* classiques : « Quel est le son d'une seule main qui claque ? » Ou : « Où donc était votre moi avant votre naissance ? » Et enfin : « Quelle est la nature du Bouddha ? » A cette dernière question, on connaît plusieurs réponses classiques ; je vous en soumets deux : une livre de lin blanc, une nouille pourrie. Vous voyez que les pères du Zen chinois n'étaient ni victimes des catégories ni ligotés par un faux respect.

Aux XIIIe et au XIVe siècles, le Zen s'est solidement installé dans le Japon militaire des Ashikaga. Il a enseigné à une société tragique et tenue en bride par des interdits et devoirs de toutes sortes l'art de s'oublier dans l'action, de se rafraîchir, de se détendre. Il a pris un grand ascendant sur la caste des samouraïs, qui avait particulièrement besoin de ses recettes, mais semble avoir perdu à leur contact un peu de son sel et de sa fraîcheur native. Il a coiffé le confucianisme au lieu de le combattre, bref, il s'est japonisé et assagi. Trop peut-être. Il n'en a pas moins exercé dans tous les domaines de la culture — l'art des jardins, la cérémonie du thé, l'arrangement de fleurs, la poterie, la poésie, le théâtre no — une influence capitale, et fournit aujourd'hui encore à une société volontiers roide et compassée un condiment absolument nécessaire.

Après la Seconde Guerre mondiale, l'Europe et les Etats-Unis ont à leur tour passé par un « Zen-boom ». Engouement bien légitime, car une quantité d'artistes occidentaux faisaient déjà sans s'en douter une sorte de Zen, comme monsieur Jourdain de la prose — Katherine Mansfield, Cézanne, Henry Miller, Robert Desnos, Paul Eluard, qui a écrit : « Il y a un autre monde mais il est dans celui-ci », et beaucoup d'autres. Une part de snobisme aussi, inévitable, inoffensive. Au bout d'un temps la cohue se tasse, et parmi tous les livres publiés sur le sujet, il en surnage bien une douzaine d'excellents. Quant à la question de savoir « ce qu'est le Zen au juste », les opinions des commentateurs les plus sincères et les mieux informés (certains ont passé des années dans des temples) sont toutes différentes : pour les uns c'est une religion, pour les autres une forme de thérapeutique, un moyen libératoire, une école de caractère ; pour Daïsetsu Suzuki, qui est au Zen d'exportation ce que Breton fut au surréalisme, c'est une réaction de l'esprit chinois contre l'esprit indien. Pour Arthur Koestler, qui a tenté de « dégonfler » le Zen dans un essai brillant mais bien trop hâtif, c'était autrefois un remède souverain contre le formalisme confucéen qui tue, et ce n'est plus qu'une imposture très adroitement entretenue. (Il est tombé sur des abbés occupés et méfiants, à travers un mauvais interprète. Peut-être de mauvais abbés, je n'en sais rien. On n'a pas toujours un véritable saint sous la main pour les écrivains de passage, et qui *n'ont pas besoin* de ce que l'on sait. En Orient, ces connaissances-là sont données cuillerée par cuillerée à des gens qui ont vraiment faim, et le mot « secret » n'a rien à faire ici.) Pour le vieux H. R. Blyth, sans doute l'homme de sa génération (il aurait cent ans) qui a le mieux compris le Japon, le Zen est tout bonnement le « plus précieux trésor de l'Asie » et « la plus grande force intellectuelle au monde » ; pourtant ce vieux monsieur était un humoriste qui ne se payait pas de mots et qui a reconnu que le Zen n'avait pas réussi aux Japonais.

Pour moi, c'est seulement un immeuble dont j'ai été, par accident, concierge pendant quatre mois. Ça n'a pas nécessairement des préoccupations relevées, un concierge... mais on prend le courrier, on entend bon gré mal gré les doléances et les ragots, on connaît le « règlement de maison ».

Je me suis intéressé à tout autre chose. Je ne suis pas allé m'asseoir en « lotus », je n'ai pas cherché « quelle était la nature profonde du Bouddha ». J'ai joui du jardin et regardé grandir mon fils qui chassait les papillons entre les tombes du cimetière voisin en criant je ne sais pourquoi *gentleman* (un mot qu'un de nos visteurs avait dû lui apprendre) ; il était bien trop petit pour les attraper, mais avec les papillons, c'était bien lui le plus zen de tous : il vivait ; les autres cherchaient à vivre.

Je n'ai pas été bien studieux : ce que je sais du Zen aujourd'hui me permet tout juste de mesurer à quel point j'en manque, et combien ce manque est douloureux. Je me console en me disant que, dans le vieux Zen chinois, c'était la tradition de préférer, pour succéder au maître, le jardinier qui ne savait rien au prieur qui en savait trop.

J'ai conservé mes chances intactes.

# XVIII

## LE CAHIER GRIS

*Miyama, Kyoto-Fu, 1964*

### *Emploi du temps*

*C'est l'été le plus chaud du siècle*
*le jour le plus chaud de l'été*
*les ouvrières ont la nuque rasée*
*et des éventails en papier*

*Au terminus de la ligne 23*
*ce matin j'ai appris dix caractères chinois*
*je suis monté dans cet autobus rose*
*qui passe un col à l'ombre des bambous*
*marché le long de la rivière*
*marché, nagé et maintenant :*
*le soleil est un fil à plomb*
*au fil de l'eau passent une figue mordue*
*les plumes d'un poulet tué par le faucon*
*rainettes, salamandres, libellules*
*Le ciel est une éponge grise*
*trois montagnes font le dos rond*

*Chronique japonaise*

*Sur les bornes de la rizière*
*il écrit que la vie est fumée*
*j'en ferai ma fumée à moi*
*allongé au frais dans ce cimetière*
*entre Ayabé et Miyama*
*j'ai oublié dix caractères chinois.*

**_Zuiun-Ken, novembre 1964_**

**_Le psaume du grillon_**

*1000 grillons*
*100 grillons*
*1 grillon*

*un dernier-né, un obstiné*
*quoi ?... que dites vous ?*
*comme le temps passe !*

*ce chant mal assuré*
*multipliant l'espace*
*du jardin défraîchi*
*et l'angoisse*
*du mort qui ressuscite ici*

*Quatrième partie*

# 1965, le Village de la Lune

# XIX

## TSUKIMURA

A TOKYO, dans la station de métro Ginza, qui est la plus grande du monde, on se retourne parfois sur un petit groupe d'hommes sans âge, d'allure campagnarde, lourdement charpentés dans des complets qui fripent et serrés autour d'un fanion brandi par le plus dégourdi. C'est l'« Amicale » d'un village qui a cassé sa cagnotte et vient, entre semailles et repiquages, voir la capitale et la mer.

En dehors de ces timides ambassades, le paysan japonais ne se montre guère à la ville et fait bien peu parler de lui. Quand la récolte du riz est exceptionnelle, les grands quotidiens le baptisent « Père de la patrie » et le font passer à la une. Cela dure un jour ou deux, puis il retourne en troisième page où il faut éplucher les petits échos de l'arrière-pays pour y trouver de ses nouvelles : *Un charmeur de rats fait fortune dans la province de Niigata,* ou encore : *Huit fermiers du Hokkaïdo qui avaient semé avant les dernières gelées se sont suicidés en buvant de l'herbicide.* C'est moins cher que le gaz.

Mais la plupart du temps, accroché aux terres minuscules qu'il cultive avec tant de soin, ce père est silencieux.

Chaque année, entre décembre et janvier, les montagnards de la préfecture d'Aïchi (Japon central) invitent les *Kami* de leur commune à une danse et à une beuverie rituelles qui durent deux jours entiers. C'est à la fois une réjouissance, un exorcisme et une cérémonie propitiatoire compliquée dont chaque village s'acquitte à son tour et qu'on appelle « la fête des Fleurs ». Comme il n'y a alors pas de fleurs, et pour longtemps, le mot a peut-être été choisi pour abréger l'hiver. Chaque village a ses propres Esprits. Chaque Esprit a son nom, et même son visage : un masque de bois au rictus furibond que les danseurs portent à tour de rôle. La dernière jarre d'alcool de riz vidée, le dernier fagot consumé et le dernier ivrogne remis sur ses jambes, les masques retournent dans leur coffre, et les Esprits conciliés regagnent leurs pénates pour régler le débit des sources, faire pousser droit les arbres et fertiliser la rizière. Tout le temps que la neige dure, ce sont eux qui travaillent.

J'ai vu la fête des Fleurs au village de Tsukimura. L'an dernier à la mi-décembre. C'est le froid d'aujourd'hui qui m'y fait repenser. J'étais avec Théo, un Français qui photographiait des danses phalliques pour un éditeur parisien. Chacun sa marotte. Moi, c'était plutôt pour échapper à l'odieux bazar du Tokyo d'avant les fêtes.

Arriver là-haut était toute une affaire : de Nagoya un train de campagne en velours vert, puis le bus, puis une sorte de patache où l'on se tient debout et voûté entre les bottes de navets et les parapluies qui dégouttent. On atteint ainsi la fourche de deux vallées et l'on continue à pied par un chemin de terre sur lequel il n'y a plus grand-monde. En une heure de marche : un écolier en drap noir, les joues rouges et le nez morveux, un blaireau, une porteuse de bois mort rétrécie par le froid et une camionnette chargée de poisson sec dont l'odeur véhémente nous a suivis longtemps.

Puis la vallée s'est élargie. Ce n'étaient plus que des montagnes rondes, dos contre dos, des fumées qui traînaient sur les rizières gelées, et les épouvantails pourrissants de la récolte d'automne qui se télégraphiaient anxieusement les moindres coups de vent. Un pays maigre, austère et contenu comme si la terre, à l'image des gens, n'avait pas osé s'étaler, mais si fort du peu qu'il avait à dire. Même l'Auvergne à côté aurait fait « parvenu ». Au fond de la vallée et au bout de ce peu se trouve le village. *Tsuki*, c'est la lune, *Tsukimura*, le hameau de la lune. Il y avait encore du jour sur les champs et la fête commençait à peine. Le prêtre shinto et ses acolytes venaient d'aller « barrer les carrefours » à l'est et au nord du village pour l'isoler des forces démoniaques qui montent du sous-sol. Ils purifiaient maintenant le local des danses en récitant avec d'énormes voix grommelantes leurs invocations au-dessus d'un chaudron d'eau bouillante, et frappaient dans leurs paumes pour faire descendre les Esprits. De l'autre côté de la rue, quatre pompiers astiquaient une ancienne pompe à bras tout cuivre et laque rouge, avec l'énergie superflue de gens qui n'ont pas ménagé les petits verres, pendant qu'une demi-douzaine de rustauds accoudés à leurs bécanes les couvraient lourdement de sarcasmes. Nous avons eu notre part de ces railleries un peu contraintes. J'avais l'impression qu'ils s'essayaient à l'insolence et que ça n'allait pas tout seul. Au bout d'un instant, le plus jeune des pompiers s'est levé : « Venez boire une bière avec moi, vous deux », et, comme il avait déjà bu, il nous a emmenés par le bras dans un endroit où cela ne convenait pas.

Il n'y a ici ni magasin ni bistrot, seulement une chaumière délabrée où la fermière, à l'occasion, libère une pièce pour servir de l'alcool. Mais ce soir-là, comme l'abomination des examens approchait, trois fillettes en sarraux noirs y étaient agenouillées et parlaient hectolitres autour d'un manuel.

— C'est que les enfants travaillent, a dit la femme, et ces visages étrangers, ça va distraire.

— Trois bières, a répondu le pompier en s'installant sur la natte.

A la lumière de l'ampoule je l'ai examiné : jeune, mal bâti, des yeux vindicatifs dans un visage creusé par la variole. C'était son uniforme qui lui donnait tant d'aplomb. C'était la première fois aussi qu'il buvait avec des étrangers, et il ne savait pas trop quelles marques d'autorité nous attendions d'un pompier japonais. La fermière nous a servi de mauvaise grâce. Je la comprenais très bien. Tout le temps que nous étions là, les filles sont restées la plume en l'air à se murmurer derrière leur main le peu d'anglais qu'elles n'osaient nous adresser. Nous sommes sortis sans même finir nos verres. La nuit était tombée. Il y avait du monde autour de la salle de danse, et déjà quelques torches allumées. On entendait un tambour, des flûtes et, derrière le carreau éclairé des fermes, d'autres flûtes qui répondaient. Le village prenait le *la*. Le pompier est resté planté sur la route, chaloupant un peu, des moustaches de bière aux lèvres. Nous nous en sommes débarrassés en montant jusqu'au temple bouddhique qui domine le hameau. Il nous a suivis un moment. Le sentier grimpait dur dans le noir. On l'a entendu soliloquer, accroché des deux mains aux broussailles, puis plus rien. Au sommet, une lune encore trouble se levait derrière des épines au milieu de piqûres d'étoiles. Le temple était désert et pauvrement décoré. Dans une niche, les stèles des morts du village fraîchement passées à la peinture d'argent brillaient, alignées sur trois rangs. Sous le « nom posthume » que la famille du disparu obtient du bonze, on trouvait ici et là les mentions « pieux fidèle », « fidèle » ou simplement — pour les paysans de condition plus modeste — « croyant ».

Que personne se s'avise d'oublier sa place, même dans la mort : l'harmonie est à ce prix. C'est un peu ce qu'essayait de dire cette titulature des âmes. Au moins, c'est ce que j'ai compris.

Malgré la réforme agraire de l'après-guerre, la société paysanne a conservé une hiérarchie très stricte. La communauté villageoise ressemble à sa rizière : des *paddies* bien délimités, étagés sur des niveaux différents et reliés par un système d'écluses dont le fonctionnement est minutieusement réglé. Un hameau de quarante foyers peut compter jusqu'à quatre catégories de paysans qui n'ont pas la même liberté d'initiative, ni les mêmes corvées, ni les mêmes droits. Diverses formes de protection, de parrainage, de subordination relient verticalement ces catégories, et pour tout ce qui touche à ces relations le cahier des charges est extrêmement précis. Parfois même, tous les détails de l'« étiquette » du village sont consignés dans ce registre qui établit par exemple qui doit un cadeau à qui, dans quelles circonstances et pour quel montant. Offrir à tort et à travers, c'est s'acquérir sur ceux qu'on oblige — les deux sens français du mot se confondent en japonais — un droit qu'ils ne vous ont pas reconnu. Grâce à ce protocole chicanier, on parvient à supprimer presque complètement le hasard et l'improvisation, bêtes noires de ces paysans formalistes et harassés. Dans la comédie du village, chacun — même les plus mal partagés — connaît ainsi exactement son rôle et ne s'expose pas à faire rire de lui. Dans l'esprit de la plupart, cette dépendance est d'ailleurs un bien qu'on n'explique ni ne discute, mais qu'on saisit par le bout qui vous est tendu.

La bonhomie campagnarde, le sens de la liesse qui est shinto, la compassion bouddhique et le contact quotidien avec la terre et ses caprices tempèrent largement ce que cette rigueur pourrait avoir d'étouffant. La fête fait elle aussi office de soupape et, ce soir-là, l'alcool aidant, les mécontents peuvent donner de l'air à leurs rancœurs. Mais dans la vie de chaque jour, on mesure soigneusement ses propos, seuls les ivrognes parlent à cœur ouvert, et le village est aussi discipliné qu'une ruche.

L'étranger qui s'y égare un soir de fête sera surtout frappé par ces faces semblablement hilares, ces regards plus brillants qu'à la ville, ces corps noueux vêtus d'habits également râpés, et se bercera probablement d'images naïves. C'est lui le simple : il ne distingue pas le journalier du notable, la branche aînée de la branche cadette, ceux qui possèdent la forêt de ceux qu'on autorise — si leur conduite est exemplaire — à y ramasser du bois mort, et ceux qui disent comment voter de ceux qui votent comme on leur dit. Il n'entend rien à ce réseau serré de préséances, d'obligations et de gratitude, de « je n'ose » et de « je ne daigne », d'ostracismes ou de rognes inexprimées, qui ordonne la vie commune, et cette ignorance fait de lui un perpétuel sujet d'embarras. Le village où chacun connaît sa place n'aura pas de repos qu'il ne lui en ait trouvé une, et « rangé » cet intrus quelque part.

En redescendant du temple, nous sommes tombés sur le pompier qui battait la semelle au bas du chemin. Il nous attendait pour nous emmener souper chez des amis. Ne comprenait pas du tout ce que nous étions allés faire là-haut. Le temple bouddhique, c'est pour les morts. Il ne savait pas à quelle secte il appartenait ; tout ce qu'il a pu m'en dire, c'est qu'il avait brûlé voilà trente ans. Le point de vue du pompier. Ce qui l'intéresse, lui, c'est le *Sutoripu* (strip-tease) au chef-lieu, à Toyohashi. Il ne le connaît que par ouï-dire, mais on peut même toucher, paraît-il. Il espérait aller voir ça pour ses vingt-cinq ans, avec son père...

« Il est suisse, l'autre est français », criait le pompier en traversant avec nous la foule comme s'il avait fait deux prisonniers. Mais personne n'y prenait garde. L'odeur du saké chaud et des bouffées d'étincelles s'échappaient de la mairie où les premiers danseurs — des enfants de huit à douze ans — attachaient leurs masques pendant que les mères leur passaient lainages sur lainages. Devant la porte, deux ou trois nouveaux venus d'allure citadine, veston et chapeau mou, paraissaient très anxieux de faire plus de bruit que les autres. Ces sont des cadets de famille établis en ville, qui remontent à Tsukimura pour l'occasion, se montrent outrageusement cordiaux, et dépensent pour épater leurs cousins des champs. L'un d'eux avait même retenu pour la nuit le taxi qui l'avait amené. Le chauffeur — un vieillard en canadienne auquel personne n'adressait la parole — surveillait d'un œil hostile ce sabbat campagnard, son transistor suspendu au cou.

### *Neuf heures du soir, dans une ferme*

On nous attend, disait le pompier, mais ses « amis » l'ont assez mal reçu. M'ont plutôt l'air d'être une famille bien humble sur laquelle la communauté se décharge du soin et de l'embarras de nous accueillir. Il y a là les grands-parents, l'œil humide et bienveillant ; le père, que l'alcool rend tantôt sentimental et tantôt arrogant ; et un gamin de trois ans, un costaud en tablier neuf qui nous couche en joue et nous abat avec sa mitraillette en plastique.

Les nattes sont usées, les carreaux de papier crevés, l'hiver passe à travers la chambre et chaque parole s'entoure d'un banderole de buée ; mais la télévision est flambant neuve, et surtout il y a ce luxe que les citadins envieraient s'ils ne l'avaient oublié : l'espace. Sous l'unique ampoule accrochée à son fil, le souper de fête est très soigneusement disposé : nouilles dans la panure, raifort coupé en dés, concombres, gâteaux de fèves, têtes de poisson cru et ce riz blanc qui, il y a quelques générations encore, était le privilège des gens de condition.

Festin de pauvres que l'on fait descendre à grands verres d'alcool de patate. Chacun boit sec pour se réchauffer, et le pompier boit trop. Il vient de jeter à la volée une poignée de monnaie sur la table, s'est fait traiter de « vérolé » pour sa muflerie et se réfugie à présent — casquette tirée sur les yeux — dans un silence mortifié. Le père a, lui aussi, du vent dans les voiles et dit n'importe quoi. Les yeux hors de la tête, le voilà qui crie tout d'un coup :

— Ces deux Français ont des peaux de femme...

— Nigaud ! Vaurien... réplique la grand-mère qui lui allonge une claque à travers la table et, tournée vers nous, rit de toutes ses gencives en se balançant comme une oursonne.

— C'est ainsi, me dit le vieux en remplissant mon verre, pendant la fête, tous ceux qui viennent des villages voisins et tous les jeunes ici ont le droit d'être effrontés. Mêmes aux plus riches on peut parler sans égards ; même aux visiteurs. C'est permis.

Il m'explique aussi qu'ici ce n'est pas le riz mais le bois qui rapporte et que les cinq familles qui se partagent la forêt envoient chacune un fils étudier à Tokyo. Cela le divertit d'avoir des étrangers dans sa ferme. Lui et sa femme sont parfaitement aisés dans leur accueil. Leurs deux visages malicieux, noircis, usés comme des sous, sont les seuls que je puisse lire, parce qu'à leur âge, mais à leur âge seulement, on retrouve cette liberté et cet abandon qui font ici tout le charme des vieux.

### *Minuit - deux heures du matin*

Les Esprits — des adolescents maintenant, les jambes nues en sandales de paille — brandissent de lourdes haches de bois et dansent autour du foyer qui vomit des étincelles. Le camp des villageois, serviette nouée autour du crâne et torche en main, les entoure et leur donne la réplique dans une sorte de piétinement très lent.

— Tous bons Diables, vos Esprits ?

— Très bons, tous excellents ! me répond en grelottant le prêtre shinto.

Il m'en parle avec une véritable affection, mais, à la danse suivante, ils n'en sont pas moins bousculés, arrosés de brandons et bruyamment expulsés dans la nuit. Après cet avatar, ils reviennent par la porte de derrière, et j'en surprends deux qui ont, à travers leur masque, des mots à propos d'une moto et essaient de se frapper, mais sans y parvenir, parce que déjà ils ne peuvent plus cesser de danser. La musique est maintenant descendue dans les jambes. C'est un air de sept notes dont seul le rythme varie, donné par un tambour et une grande flûte de bambou à laquelle d'autres flûtes sorties de toutes les poches répondent dans la salle et dans la nuit. L'air est rempli de cette cantilène insidieuse, de vapeur, de gel et de feu, et l'odeur d'alcool est assez forte pour enivrer un cheval. Tous ceux qui ne boivent pas font boire et je remarque qu'autour de moi toutes les conversations s'embourbent dans des redites d'ivrognes. Chacun a trouvé au fond de son verre un petit morceau de vérité qu'il enseigne inlassablement à des compères qui ne l'entendent pas.

Moi je suis au bout de mon vocabulaire : pas un seul de mes mots qui n'ait servi trois fois. Je pourrais m'en tirer par le rire ou la mimique, mais encore faudrait-il s'entendre sur les gestes ! Ici, le pouce levé signifie quatre, l'éventail ouvert à plat, que l'on boit, et un balancement embarrassé de menton peut très bien annoncer un coup de poing dans la gueule. Il n'y a que les jeux de main grivois qui soient compris et retournés sur-le-champ, mais c'est un domaine dans lequel tout est trop vite dit. Mon compagnon Théo, qui est pourtant mime de son métier, ne va pas plus loin que moi avec ses grimaces. Il s'enquiert un peu partout de sa danse phallique et voudrait savoir à quelle heure elle aura lieu. On lui tape sur l'épaule, on lui verse de grandes rasades, on lui fait amicalement cent plaisanteries obscènes, mais on ne lui répond pas. Ce n'est pas du tout qu'on se gêne ni qu'il y ait le moindre secret là-dessous, mais après quelques cruches de saké le village ne sait trop que penser de ces étrangers aux yeux posés partout. Notre avidité à savoir les met un peu sur la réserve. Cette danse-là — si la chose est possible —, il n'est pas exclu qu'ils la reportent au lendemain. Par une sorte d'économie. Dans *comprendre* il y a *prendre*, et ce village n'a rien de trop.

### *Deux ou trois heures du matin*

Dans le bûcher obscur où je me suis réfugié pour retirer de l'appareil mon film qui s'était déchiré, un couple d'amoureux me dégringole sur la tête avec des planches et prend la fuite dans le noir. J'aurais dû me méfier : deux heures du matin, c'est l'heure astrologique du Bœuf — un des animaux du Zodiaque chinois —, celle des entreprises galantes et des rendez-vous officieux. Mais tout de même : marivauder par ce froid, sur ces madriers pleins d'échardes !

— *Gomen... gomen...* (d'mande bien pardon), crie l'homme en s'éloignant à grands sauts maladroits.

Mais voyons, c'est moi qui m'excuse. Je n'ai malheureusement rien pu voir de la fille qui a disparu la première, vérifiant le proverbe « Jupe troussée court plus vite que pantalon baissé ».

Il y a maintenant deux grands brasiers sur la place, que les pompiers alimentent en titubant énormément. S'ils boutent le feu quelque part, ce sont les femmes qui l'éteindront. Les villageois sont installés en cercles autour, mains tendues vers la flamme. Comme je passe à leur hauteur, un vieillard hurle « la Suisse... la Suisse », se levant à moitié comme s'il allait discourir, puis se rasseoit. J'ai entendu sa femme le reprendre :

— Crier ainsi, ça n'a ni queue ni tête. A présent que tu as commencé, dis-lui donc quelque chose.

Mais il en est resté là, fixant le foyer d'un air coupable. J'en riais encore lorsqu'il m'a rattrapé, cinquante mètres plus loin, taraudé par l'idée qu'il aurait pu m'offenser. Il m'a touché le coude et adressé un sourire de trois dents, juste et chaud. Et pas au nom du village ni du pays, non. C'est bien son sourire à lui. Charmant, car après tout, c'est moi le trouble-fête. Parfois je me demande ce qui, au Japon, met les vieillards tellement au-dessus du reste. C'est peut-être que, la soixantaine passée, la société les démobilise assez pour que l'humour leur revienne, et que la gentillesse naturelle aux Japonais suive librement sa pente.

Nous sommes revenus ensemble vers la mairie. Au bord de la route, une longue alignée de paysans se tenaient par l'épaule et pissaient dans la rizière en s'exhortant civilement à ne pas tomber dedans.

## *Quatre heures du matin, à la troisième ferme*

Un homme gris m'agrippe par l'épaule :

— *Come to my house... yes ! you must !*

C'est le citadin qui garde un taxi. Il tremble d'alcool et de froid, et j'ai l'impression que son élégance a dû lui valoir ici quelques quolibets qu'il n'a pas digérés. Il s'accroche à moi comme à une bouée, traverse la rue, franchit une porte, m'installe au cœur d'une famille attablée — c'est-à-dire agenouillée autour d'une table basse — sans prononcer un mot, et les femmes, qui, elles, sont sobres et composées en toute circonstance, se poussent pour me faire place et s'affairent à me servir avec des reproches muets dans le regard. Au bout d'un instant, tout de même, le *kimochi* (la bonne ambiance), plus nécessaire aux Japonais que l'oxygène, est rétablie, lorsqu'un enfant endormi derrière la table se réveille, m'aperçoit et se suspend hurlant de peur au cou de sa mère. Entre ses sanglots il me montre la porte en criant :

— *Baka kaere yo !* (rentre chez toi, imbécile !)

Personne ne s'en soucie, car un garçon de trois ans a toujours droit à sa colère, mais enfin ces hurlements, c'est infernal. Je sais exactement ce qu'il me faudrait faire : lui chanter un petit quelque chose, lui faire des ombres chinoises, bref, amener ce braillard à composition avec de menues séductions et amuseries comme c'est l'usage ici. Mais j'ai trop froid — rien de tel que le froid pour rendre injuste — et surtout, depuis cinq heures de l'après-midi, je n'ai fait autre chose que sourire, m'incliner, mettre du liant, etc.

— C'est mon fils, c'est lui mon fils, répète l'homme au complet comme s'il y avait là de quoi se vanter.

Puis il va fouiller dans un bahut pour me faire respirer le parfum qu'un beau-frère a rapporté de France à sa femme. Chanel N° 5. Il l'élève vers l'ampoule comme un morceau de Vraie Croix pendant que sa jolie épouse citadine et ses belles-sœurs paysannes en braies de coton bleu murmurent « Paris... Paris ». On a eu toutes les peines du monde à l'empêcher de m'en asperger. Pour le détourner de cette lubie, j'ai remis Paris sur le tapis. Ils en connaissaient beaucoup d'aspects par la télévision, mais voulaient savoir comment les boutiques y étaient disposées et si les corps de métiers étaient encore groupés comme dans le Tokyo d'autrefois. Nous sommes partis du marché Cadet — un coin que je connais bien — et des sangliers qu'on y dépèce, en descendant vers la rue Richelieu. La mangeaille de la rue Cadet, la Boulangerie arménienne, le tabac, le Pari mutuel, expliquant tout à mesure. Puis « La Reine-des-Confitures » (maison fondée au XVIIIe siècle), rue du Faubourg-Montmartre, les écaillers ouverts toute la nuit, les librairies du passage Jouffroy auxquelles Léautaud volait des livres. Comme nous arrivions devant la Bibliothèque nationale, ils m'ont demandé :

— Ça vous plaît-y bien, le Japon ?

## *Cinq heures du matin*

Il ne faut pas médire de la musique japonaise avant de l'avoir subie six ou sept heures au moins. Au début de l'après-midi, cet air de flûte ne m'avait pas frappé à cause de la lenteur et des hésitations du rythme qui a mis très longtemps à s'installer. Mais à minuit déjà, j'avais l'impression d'avoir grandi dans cette mélodie. Maintenant j'en suis intoxiqué et, à mesure que le temps passe et que les flûtistes se relaient (c'est à présent un paysan qui porte deux vestons l'un sur l'autre), cette musique se fait plus forte et menaçante. C'est devenu un refrain ivre, enfumé, grelottant. Les torches des danseurs vacillent et les brandons tombent en gerbes sur les nuques anesthésiées par le froid. Les visages se tirent, les joues s'avalent, les yeux se ferment ou sortent des têtes. Entre eux et les masques, c'est comme si l'écart avait diminué, et je vois partout des becs, des mâchoires et des groins.

Il y a encore ici et là — puisque c'est permis — de brèves flambées de malveillance où l'on engueule à pleins poumons, mais cela ne dure pas. La musique emporte tout dans son rythme plus large. Quand un danseur s'effondre, un autre prend sa place. Par la fatigue, l'ivresse et l'hypnose, le village remonte dans sa mémoire jusqu'à ces siècles noirs où l'impôt laissait si peu pour vivre qu'on étouffait un nouveau-né sur trois. Ce n'est plus le divertissement, c'est le rite. Le hameau ne fait plus qu'un bloc dont tous les étrangers sont exclus. On ne nous aperçoit même plus. Le chauffeur du taxi est lui aussi en quarantaine. Il a sans grand succès fait circuler dans l'assistance une photo de femme nue dans l'idée de se faire des relations. En désespoir de cause, il essaie de me la refiler : une rousse teinte, assise sur une plage. Un modèle, me dit-il, qu'il a loué pour un après-midi avec quinze autres collègues. Elle est très belle, les vagues aussi. Pauvre vieux ; on ne devrait plus conduire un taxi à son âge.

Au lever du jour, ces Esprits vont descendre en dansant jusqu'au village du bas. Je ne verrai plus ça. J'ai trop froid, trop bu sans pouvoir me réchauffer, trop faim aussi et j'ai trop attendu. J'ai besoin d'échapper à la fumée, au tambour, de marcher dans cette nuit d'hiver. Mais pas le ventre vide. Dans un appentis derrière la mairie, j'ai découvert tout à l'heure un vieillard qui faisait secrètement mitonner sur un feu de bois deux cents litres de soupe au moins. Je suis repassé par sa cambuse. Il somnolait, les fesses sur un fagot, se réveillait pour touiller à deux mains sa marmite, y jetait une poignée de poissons secs et se rendormait. L'odeur de son brouet me faisait à moitié défaillir. Je l'en ai complimenté et il m'a remercié bien poliment. Mais quand j'ai tendu mon écuelle, ses yeux se sont éteints et il a soudain cessé de me voir et de m'entendre. C'est qu'elle n'est pas pour moi, cette soupe : elle doit aller à qui de droit, dans un certain ordre de préséances, à un certain moment, et comment pourrait-il savoir ce que ce gribouille aux cheveux d'étoupe sale est venu chercher ici. D'autre part, refuser c'est discourtois. Il s'est donc tiré d'embarras en me congédiant mentalement ; un tour de force, car son réduit était petit et j'y parlais de plus en plus haut. Je le revois très bien, ce vieux Tartufe, embusqué derrière son énorme chaudron, fixant sans ciller un point un peu en dessous de ma bouche et me tranformant en simple bouffée de vapeur. C'est la recette ici : quand le malséant, quand l'imprévu se produisent, regardez juste à côté, ou alors à travers. La convention — qui est collective — vous donnera toujours raison contre la vraisemblance, qui n'est qu'une affaire de personnes. Le vieux ne m'a pas vu davantage lorsque je lui ai doucement retiré sa louche pour remplir mon assiette. Il s'est rendormi avec l'ombre d'un sourire. Cela nous a arrangé l'un et l'autre. Dans toute cette affaire, j'avais tort, et il avait raison.

### *Six heures du matin*

La route de terre glacée sonnait dur sous le pied. La gelée blanche, un ciel noir et mordant donnaient à la vallée le petit coup de pouce — rayon de lune, brouillard au bon endroit — dont le paysage japonais a toujours eu besoin pour être à son mieux. Au-dessus des barbes des sapins on distinguait très bien la constellation du Taureau. Nous marchions vite et je sentais la chaleur remonter dans mes os. Quinze kilomètres encore jusqu'à l'auberge. Je me demandais combien de pierres il faudrait lancer au carreau pour se faire ouvrir, et si elle serait dans mes prix. J'avais toujours ce maudit air de flûte dans la tête et, comme je lui cherchais des paroles pour m'en débarrasser, ces vers de Rutebeuf me sont revenus de loin :

*Pauvre sens et pauvre mémoire*
*M'a Dieu donné, le Roi de Gloire*
*Et pauvre rente*
*Et froid au cul quand bise vente.*

Cela ne s'ajustait pas trop mal, à la musique comme au moment. Le dernier vers surtout. Et puis le français, c'est exquis.

Quand nous avons atteint Hogo, la lumière blanchissait sur les rizières et faisait briller comme de la nacre les navets accrochés à la façade des fermes. Tout le Japon était encore sous l'édredon.

*Cinquième partie*

# L'île sans mémoire

# XX

## LE CHEMIN DE LA MER DU NORD

*A la boutique foraine*
*trois sous de brouillard*
*c'est tout ce que j'ai vu*
*dans leur télescope.*
Kobayashi Issa
(1763-1827)

*La mission de l'homme*
*sur la terre est*
*de se souvenir*
Henry Miller

LE Hokkaïdo est l'île la plus septentrionale de l'archipel japonais et la deuxième en superficie : à peu près deux fois la Suisse pour cinq millions d'habitants. Plaine à riz dans le Sud ; volcans, pâturages et forêts dans le Centre ; et à l'est, une des mers les plus poissonneuses du monde. De décembre à avril, la neige recouvre l'île, et les ports de la côte nord-est (latitude de Milan !) sont pris dans les glaces. Hokkaïdo signifie (*Hoku* : nord, *kaï* : mer, *do* : chemin) le Chemin de la mer du Nord.

Août venu et les examens terminés, quand des millions de ventilateurs et d'éventails remuent inutilement l'air bouillant de Tokyo et que la chaleur fait taire même les grillons domestiques dans leur petite cage de bambou, les étudiants montent par trains entiers vers le nord pour se mettre au frais et faire leur « cure d'espace » dans l'île du Hokkaïdo. Piquets de tente, boussoles, cartes au 1/100 000e et cornets de raisins secs : c'est le « Hokkaïdo-rush ». Et c'est nouveau, parce que avant la guerre, à moins d'être botaniste, ornithologue, gardien de phare ou d'être nommé là-haut par sa compagnie, on n'allait pas pour le plaisir en Hokkaïdo. C'était en tout cas le dernier endroit du monde que les lettrés japonais rêvaient de visiter.

Dans la géographie idéale des Japonais, le Hokkaïdo est une case mal remplie. La plupart des Japonais dans la quarantaine n'y sont pas allés, n'y iront plus et sont bien en peine de donner leur opinion là-dessus. Pour eux cette terre est sans prestige parce qu'elle est presque sans histoire, mais il faut reconnaître qu'ils ne se sont jamais souciés de lui en donner une : à peine l'avaient-ils découverte qu'ils s'en sont détournés, et cette indifférence a duré mille ans.

L'an 658, Abe no Hirafu, capitaine japonais en campagne contre les clans aïnous qui occupent encore le nord de l'île principale, arme une jonque, monte jusqu'à Sakhaline, franchit le détroit de Soya et, sur le chemin du retour, installe en pleine sauvagerie dans le sud du Hokkaïdo un « Bureau impérial » qui ne donnera plus jamais de ses nouvelles. Puis il redescend dare-dare — à la Cour, dans la plaine du Yamato, pour y

« reprendre ses classes ». A cette époque, en effet, Nara n'est pas encore construite ; la résidence impériale se déplace de quelques lieues à la mort de chaque souverain, et tout ce qui y « porte bonnet » (les gens de condition) s'est mis éperdument à l'école de la Chine, apprend des idéogrammes, tire des horoscopes ou calligraphie des *sutra*. Le bouddhisme est en plein essor. Dans la partie septentrionale du Hondo (l'actuel Tohoku), quelques barons énergiques et ambitieux se taillent des fiefs immenses, défrichent et s'enrichissent en secret, mais les officiers impériaux préposés à leur surveillance se morfondent sur ces terres ingrates. Au VIIIe siècle, leurs missives à la Cour ne sont que doléances et soupirs : que ne sont-ils à Kyoto au bord de la Kamogawa, en bonne compagnie, à commenter le chant du coucou et à rimailler dans un chinois d'ailleurs pédant. Colons mortifiés dans ces provinces d'herbes, de broussailles et de vent, déconcertés par une nature trop rude pour se plier aux canons délicats de la peinture T'ang et au jardinage esthétisant. Jusqu'à la Lune, pivot d'une sensibilité, gelée et rétrécie sur ces étendues hors d'échelle, qui n'est plus ce gros lampion familier auquel on venait si volontiers se confier. Sans parler du long hiver contre lequel les Japonais n'ont jamais connu d'autres remèdes que les bains chauds, l'alcool et surtout le printemps.

Telle est à peu près, à la fin du XIIe siècle, l'image qu'on se forme du nord de la Grande Ile : pays de violence et de neige, sans saints ni calligraphes, où l'on ne va qu'en garnison ou en disgrâce. Elle ne changera guère. Quant au Hokkaïdo qui s'appelle alors *Yezo-gashima* (l'île des barbares), ce n'est encore qu'une

Tartarie boréale et presque mythologique que les chroniques mentionnent à peine. Son premier visiteur de marque est, comme par hasard, un fantôme : celui du fameux Yoshitsune — le plus grand condottiere du Japon militaire et le héros d'innombrables romans et pièces de théâtre —, qui vient de se donner la mort avec sa famille (1189) dans une forteresse investie par trahison, et qu'une légende fait passer en *Yezo*, où les Aïnous l'ajoutent à leur panthéon rustique. Immédiatement sur les traces de cette ombre, les débris du grand clan des Fujiwara, rossés et dépouillés de leurs terres par le gouvernement central, s'y réfugient et s'y établissent petitement à l'extrémité méridionale de l'île. Ces exilés installent ici et là un poste militaire, traitent avec les Barbares, trompent parfois leur ennui en réprimant une rébellion de leurs administrés ou en garnissant leurs plages d'une longue alignée de têtes tranchées, et regardant vers le sud où l'histoire se fait sans eux en espérant un retour de fortune. Ou des visites ; pour la plupart des fugitifs comme eux, plus une collection d'aventuriers, des faux bonzes, des gens de sac et de corde — vrais pionniers, ceux-là — qui montent en forêt, défrichent, trafiquent avec les Aïnous, se métissent, ouvrent des mines à ciel ouvert et alimentent en peaux et en pierres semi-précieuses un négoce assez profitable que leur seigneur entretient avec la Chine, via Nagasaki, à la barbe du pouvoir central. Ainsi pendant des siècles, et personne aujourd'hui ne se souviendrait plus de cette obscure saga si la télévision japonaise n'allait y pêcher, à l'intention des jeunes, ses « Bas-de-Cuir » et ses « Mohicans » nationaux.

Mais les pêcheurs en savent plus long que les cartographes. les Russes en particulier. Au XVIIIe siècle, ils s'installent solidement en Sibérie orientale et leurs baleiniers commencent à écumer le détroit de Tartarie, le détroit de Soya et les côtes de Yezogashima. Ils cherchent à obtenir pour leurs équipages le droit de relâcher et de faire eau dans les excellents mouillages de l'île. Leurs émissaires qui se présentent en rade d'Hakodate sont capturés par le gouverneur japonais, qui leur donne lecture de l'édit qui les condamne à mort, leur offre une formidable beuverie au saké (alcool de riz) et les renvoie indemnes, sans satisfaire à leur demande. A Edo (Tokyo), le gourvernement s'inquiète de ces incursions étrangères et envoie, enfin ! un bonze mathématicien lever la carte de ce territoire dont il s'est jusqu'alors si peu soucié. Au Japon, le nom est lié à la chance : après un échec aux examens, après un tournoi malheureux, un étudiant ou un lutteur professionnel changent leur nom et repartent de zéro. A la fin du XIXe siècle, Yezogashima en fait autant. L'Ile des Rustres est rebaptisée Chemin de la mer du Nord (Hokkaïdo), ce qui relève un peu son prestige, et l'équipe exceptionnelle qui constitue le nouveau gouvernement Meiji lui accorde toute son attention. Le pays est en pleine métamorphose, en train de donner le coup de rein prodigieux qui, en une génération, va en faire une grande puissance moderne. Le Hokkaïdo est déclaré territoire stratégique et va jouer un rôle considérable dans le plan d'industrialisation mené par l'Etat. Mines, pêcheries, usines, moulins à papier y sont construits aux frais du Trésor public, qui supportera pendant dix ans les déficits d'exploitation avant de revendre ces entreprises pour une bouchée de pain (1881) à des firmes privées. Par bateaux entiers on y transporte gratuitement des colons qu'on organise en milices : quelques fortes têtes tentées par l'aventure, mais surtout de pauvres bougres chassés de leurs petites terres par la disette et qui ne s'en vont pas de gaieté de cœur, et des *Eta* qui espèrent dans cet exil faire oublier leur origine. Des artilleurs pour les batteries côtières, des techniciens, de menus gangsters qui dans les grandes villes du Hondo ont affaire à trop forte partie, des instituteurs. Des missionnaires aussi : protestants américains, catholiques français, et membres des « nouvelles religions » nées du réveil bouddhique, qui trouvent dans cette population encore mal soudée et privée de ses références traditionnelles une pâte facile à travailler. Dès 1871, une capitale toute neuve est construite à Sapporo sur un plan rectiligne, pendant qu'un agronome yankee prêté au Japon par le président Grant enseigne aux paysans les techniques de l'agriculture extensive et la construction de ces fermes « à l'américaine » — long toit de tôle rouge à quatre pans flanqué sur le côté d'une tour-silo — qui contribuent à donner au paysage du Hokkaïdo son charme et son ambiguïté.

Le Hokkaïdo a fait peau neuve, mais sans parvenir à désarmer tout à fait la méfiance des Japonais du *main land*. Trop d'ingrédients nouveaux sont entrés dans ce mélange pour qu'ils en reconnaissent le goût. Ils ne sont pas certains d'être encore au Japon. Jusqu'à la dernière guerre mondiale, quand une série de mauvaises récoltes obligeaient les paysans du Honshu à se déraciner, ils préféraient encore le Brésil, où les entreprises d'immigration japonaises les encadraient de telle sorte qu'ils avaient à peine le sentiment d'avoir quitté le pays. Aujourd'hui encore, un jeune assistant de Tokyo nommé à l'université de Sapporo ira, deux fois sur trois, y vivre dans une chambrette comme un militaire en garnison, laissant sa famille dans le Sud, par crainte que dans cette île sans passé elle ne perde les « bons usages » et ne devienne *mannu-nuki* (carré, sans façon), un terme que les Japonais ont emprunté aux Américains *(manu = manners)* et qu'ils leur appliquent parfois, assorti d'un suffixe privatif.

Et maintenant, quittons ce ton de tableau noir. Tous les trains pour le Nord partent de l'immense gare d'Ueno. Elle est bien, cette gare : en dessous c'est comme une grande ruche noire de suie, creusée de longues galeries mal éclairées où des jeunes gens à favoris vous tendent des papillons sur lesquels on peut lire *Konban o hima nara, denwa o kudasaï* et un numéro de six chiffres (Seul ce soir ? Daignez téléphoner). D'autres, un peu plus furtifs, y vendent à la sauvette des marchandises dérobées. Des maraîchères en fichu et braies de coton bleu y coltinent sur leur dos de prodigieux édifices de choux et de navets.

En face, un large boulevard dont la rumeur, l'agitation, la lumière rappellent la place de Clichy aux heures de pointe. Sous un entrelacs de lignes électriques si serré qu'il voile le soleil, ce sont des platanes poussiéreux, des bistrots « sur le pouce », des éventaires de marchands de châtaignes, de chiromanciennes, d'arracheurs de dents patentés, et des cinémas décrépits qui affichent en silhouettes de carton-bois de dix mètres les héros du spectacle. On voit des têtes décapitées qui volent, des femmes nues enchaînées, de grosses faces hilares. Sous ces effigies convulsées mais mensongères — on ne trouve pas ça dans le film —, c'est la houle lente et fatiguée des coudes, des épaules, des enfants endormis portés sur le dos. A droite, sur le grand escalier qui conduit du boulevard au parc, deux « grands mutilés du front » chantent, « accordéonent » et passent la sébile. Ils sont là de faction : leur tunique blanche et leurs prothèses font partie de ce paysage. Ce sont de faux soldats, puisque les associations d'anciens combattants ont retiré l'an dernier les vrais d'une profession qu'elles jugeaient infamante... mais de vrais mutilés qui, pour faire plus vrai encore, poussent de temps à autre une mélancolique gueulante du temps des Philippines ou de la campagne de Malaisie. Derrière ces deux guerriers bidon s'étend fort loin le parc où je suis allé traîner en attendant l'heure de mon train.

Dans un parc, que peut-on bien faire d'autre ? Ça n'a pas de réalité, un parc. Je m'embêtais ferme quand je me suis rappelé à propos l'adage de Lao-tseu : *Un voyage, fût-il de mille lieues, débute sous votre chaussure*. J'ai commencé à prendre des notes, *Zuihitsu* (des pensées sans suite, au gré du pinceau), comme le font si volontiers les Japonais qui n'ont jamais cru aux enchaînements rigoureux ni aux démonstrations c.q.f.d...

### *A l'auberge de Matsushima*

Dans l'esprit de bien des Japonais, l'Occidental est un être troublé plein de scories et de caillots. Tout à fait moi ce soir. Aussi la perfection de cette chambre nue m'écrase. Me réprouve. Me donne l'impression d'être sale alors que je sors du bain. D'avoir trop de poils, et de désirs immodestes, et peut-être même un ou deux membres superflus. Il y a dans ce décor — comme d'ailleurs dans la nourriture — une immatérialité qui répète sans cesse : faites-vous petits, ne blessez pas l'air, ne blessez pas notre œil avec vos affreux blousons de couleur, ne soyez pas si remuants et n'offensez pas cette perfection un peu exsangue que nous jardinons depuis huit cents ans.

Je comprends bien, mais le pays et l'été m'ont déjà gobé comme un œuf, ne laissant que la coquille, et je vois mal ce que je pourrais faire de plus pour lui et comment exister moins. Matsushima, dans la province de Sendaï, est un des « Trois Paysages » du Japon. Quand le moine-poète Basho est arrivé ici il y a trois cents ans et qu'il a vu cette baie alors sauvage, ces douzaines d'îles chevelues sur le miroir de la mer avec peut-être un peu de brume pour adoucir ce que cet horizon marin aurait eu d'intolérablement grand, il y a été si saisi que son poème de l'étape s'est réduit à :

*Matsushima yah !*
*Matsushima yah !*
*Matsushima yah...*

Cela se chante un peu sur un demi-ton d'écart et sans doute ne pouvait-on dire mieux : il y a des cas où la répétition s'impose, et l'Asiatique le comprend mieux que nous. Ce cri, l'écho d'un cri, puis l'écho d'un écho qui s'abolit lui-même, et l'on ne sait si c'est l'homme ou le paysage qui a disparu. Et c'est très beau cette leçon d'impermanence que ce pèlerin murmure pour lui-même sur un front de mer où il n'y avait encore que deux ou trois aubergistes rogneux et quelques bateaux retournés couverts de bernacles. Il y a cinquante ans, à en juger par une enseigne de style naïf que j'ai aperçue au-dessus d'une pâtisserie, cela avait encore de l'allure.

Mais aujourd'hui, c'est « Matsushima Yen ! » C'est Sylvie Vartan dans le haut-parleur fixé au toit du petit temple zen. Les bateaux-mouches qui rugissent et empestent. (Nous avons proposé toute cette camelote qui a été achetée avec emportement.) Ce sont les poteaux numérotés derrière lesquels on range les touristes en longues files avant de les *conduire au paysage* comme des enfants qu'on mène à la toilette, et il faut s'exécuter sans trop faire attendre. Ce sont les petits crabes qu'on a sertis vivants, pour mieux les vendre, dans des coquillages de plastique. Ce sont les boîtes à riz du déjeuner qui s'ouvrent avec ensemble, d'un coup sec, au commandement d'une sorte de surveillant responsable. Heureusement qu'un moment vient où la nuit tombe et où tout ce monde, ce monde qui méritait pourtant mieux, va dormir. Heureusement que la lumière de l'aube est belle et que le touriste — la bière est lourde — n'est pas matinal : il reste ainsi une demi-heure au moins entre le premier soleil et le premier train de Sendaï où l'on peut encore aller voir sur la pointe des pieds « Matsushima yah ! ».

*Noheji (Nord-Honshu)*

Le jour se lève sur cette petite gare, sur des chaumes pourris par la pluie, sur des champs d'un vert soûlant qui me descend tout droit de l'œil à l'estomac. Une herbe avec du *trèfle* dedans, une herbe comme je n'en ai pas vu depuis bientôt deux ans, et c'est une nuit de train et deux degrés de latitude nord qui apportent ce trèfle-là. Je débarque dans une gare encombrée de troncs équarris et, par un tapis de sciure qui sent fort, j'atteins l'unique rue de cette pauvre bourgade où chacun porte une lourde houe sur l'épaule, où même les enfants sont sans âge, où quantité de détails « font nord » et satisfont quelque chose en moi qui était frustré depuis longtemps. Ce sont : des saules, des pâquerettes doubles, des lessives aux couleurs intenses sur fond d'herbe mouillée, un maréchal-ferrant dans l'odeur de corne brûlée, une sellerie où l'on teint les harnais dans des tons sourds, et des chevaux noirs posés partout comme des plombs qui arriment le paysage, qui lui enlèvent cette évanescence (est-ce bien un paysage ?) des « vues » du Sud si appréciées des connaisseurs, grands chevaux qui se foutent du Zen, pèsent trois cents kilos, vous tirent tout ça vers le bas comme un « couac » de contrebasse, et sont complètement absorbés par ce même trèfle qui me met l'eau à la bouche.

*Aomori Ken (dans le bus)*

L'an dernier, pour la première fois, les Japonais ont pu sans autre formalité obtenir des passeports, des devises et passer leurs vacances à l'étranger. Beaucoup en ont profité. Mais c'est cher, Hawaii. C'est loin, Hong Kong. A Manille, on n'est pas trop bien reçu. Chang-hai, pas question de s'y rendre encore. Quant à Nakhodka, sur la côte sibérienne, ça n'est vraiment pas gai. Aussi, le mois d'août venu, sont-ils toujours vingt millions de Japonais à visiter le Japon. Les agences de voyages, les clubs de *Wandervogel*, les sociétés pour l'édification d'une jeunesse robuste, etc., ont découpé le pays comme un gâteau, sans en laisser perdre une miette, et les parts sont petites ! Même un paysage de troisième ou quatrième rang travaille vingt-quatre heures sur vingt-quatre et a bien ses mille clients par jour. Dans les cantons les plus sauvages, la receveuse de l'autobus a appris par cœur un compliment et quelques refrains du folklore local qu'elle chante dans son micro chaque fois qu'elle voit pointer un « rucksack ». Mais le plus souvent, l'homme au rucksack (c'est moi) somnole parce qu'il vient d'être, disons... dix heures debout dans un train archibondé, et toute cette érudition se dispense pour quelques paysans qui vont à leurs affaires, connaissent ces chansons depuis l'enfance (avec les intonations justes, ce qui est difficile) et n'écoutent guère mais applaudissent tout de même poliment.

Mais moi, elle ne m'a pas raté, la receveuse. « Sur votre gauche, un hortensia sauvage... cette colline a six cents mètres et l'autre vingt-deux de moins... » Que je prenne des notes : voilà qui lui ferait plaisir.

# XXI

## LE CAHIER GRIS

*Nœud ferroviaire*

*Que peut-on voir ici ?*
*Les ours, le bordel et la gare*
*murmurent quelques voix sous des parapluies*
*Mais comme dans l'Ouest américain d'autrefois*
*la grande affaire c'est encore le train*
*partout de hauts essieux rouillent sous les ombelles*
*et des locomotives à cloche de bronze*
*barbouillent ce dessin d'enfant bicolore*

*Entre les tas de tourbe deux étudiants*
*jouent aux cartes au bord d'une flaque*
*il faut bien traverser cet été*
*qui ressemble à l'automne ailleurs*
*Les champs, les guérets verts répètent :*
*« Un... deux... trois cents corbeaux... »*

*Dites donc ! cet endroit m'a l'air fait avec des restes*
*avec les chutes d'autres paysages mieux foutus*
*mais ce qu'il a pour lui*
*ce qui me touche*
*ce qu'aucune indiscrétion ne pourrait lui prendre*

### *Chronique japonaise*

*c'est ce solide habit normand de l'herbe*
*et là-dessus ces chevaux noirs*
*qui me font « oui » éperdument avec la tête*
*tout pleins d'espoir et de projets*

*A la fenêtre du wagon*
*où cent mille coudes avant les miens*
*ont fait briller ce bois comme de la soie*
*je pense à ma vie mal cousue et quand le cœur me*
*manque*
*ces chevaux noirs, je les regarde*
*ancrés dans les prés comme de lourds navires*
*leur chevalinité m'est un bienfait.*

Oshiamambe, 1965

# XXII

## Aïnous

Un village voisin d'un volcan ne connaîtra jamais la famine : il n'a qu'à canaliser la source chaude la plus proche et ouvrir un *onsen* (des thermes). Depuis qu'on y écrit l'histoire, il y a au Japon des milliers d'*onsen* toujours remplis à déborder de baigneurs épanouis. Un pour chaque maladie. Certains passent pour les guérir toutes. D'autres, dans les préfectures de montagne, où les paysans passaient carrément le plus froid de l'hiver dans l'eau jusqu'au cou, une pierre sur les genoux pour les empêcher de basculer lorsqu'ils s'endormaient.

Après s'être soigneusement savonné et rincé, on se plonge dans la piscine de l'*onsen* et on y reste des heures. Entièrement nu, évidemment, car à moins d'être difforme cela n'a aucun sens de conserver un vêtement dans l'eau. Hommes et femmes ne sont pas séparés et ne s'en émeuvent guère : à l'*onsen*, c'est d'ablutions qu'il s'agit. Puis les Occidentaux sont venus, troubles ou troublés ; l'ambiance a perdu un peu de sa candeur, et l'on peut voir les Japonaises se livrer à un manège bien inutile, se couvrant tantôt le ventre, tantôt les seins avec une serviette trop petite.

Les étrangers vous disent aussi : « Ah ! les *onsen*... les masseuses... » Et leurs yeux se font égrillards, et leurs sourires ont des formes de fesses. Pour le massage, même remarque : il y a deux choses à distinguer. C'est d'une part une technique ancestrale, pratiquée le plus souvent par des aveugles, et que Chinois et Japonais ont porté à un haut degré de perfection ; l'autre, c'est tout naturellement l'alibi et la couverture d'exercices plus simples et dont l'apprentissage est moins ardu.

A l'*onsen* de Noboribetsu, qui est le plus grand du Japon, j'ai avisé une pancarte *Massages* et j'en ai demandé un, pour voir. Il a fallu quatre téléphones du concierge, attendre une demi-heure... et c'est une vieille femme qui pourrait être nonne, les jambes couvertes de verrues noires. Elle a un beau visage usé et lumineux comme parfois ceux des aveugles. Mais elle y voit et me conduit par des escaliers vertigineux jusqu'à une soupente qui est sa chambre. Il y a là un fourneau de fonte, un matelas recouvert d'un drap propre, une reproduction de Dufy, et un vieillard avec lequel elle vient d'en terminer qui se repose en soupirant, une serviette nouée autour du crâne. Je me déshabille ; elle me fait coucher sur le côté et commence par la nuque. Elle ferme les yeux en travaillant pour mieux laisser parler ses doigts qui sont durs comme du buis. De temps en temps, ses mains tombent sur un nœud, sur un mal dont on n'avait jamais rien su soi-même, dans une partie du corps qu'on n'habite pas. Alors elle s'acharne, dégauchit, disloque, et on a aussi mal que chez le dentiste. Elle descend ainsi jusqu'aux orteils, puis elle attaque l'autre côté. Je regarde ce visage cireux, paisible, affairé derrière ses paupières closes, et me demande si, voilà quarante ans, elle aussi a été une de ces « petites » dont on parle en claquant la langue. Peut-être, comme les crapauds des contes de fées, va-t-elle se transformer en jeune princesse lascive. Peut-être y a-t-il un sésame, un mot-charme à prononcer, mais mon japonais ne va pas jusque-là. Et puis j'y perdrais ce grand naturel que sa laideur lui donne, et le naturel ici est une denrée plus rare que le sex-appeal. Lorsqu'elle a terminé, tout le corps me cuit, délié jusqu'aux ongles. J'ai le sentiment d'avoir reconquis une infinité de relais et d'articulations, d'avoir sous la peau un hôtel de cent chambres.

### *Noboribetsu (à la gare)*

En août, la jeunesse japonaise va par groupes voir son *wild west* en Hokkaïdo, selon des horaire combinés de longue main et si bien qu'ils leur laissent juste le temps de passer d'un train dans un bus et de ce bus dans un autre train où certains lisent assidûment la description du paysage. Les compartiments sont bondés de jeunes costauds, de filles éclatantes de santé, et ces deux camps s'observent mais ne se parlent presque pas malgré l'envie qu'ils en ont. Aussi, lorsqu'un polisson, encouragé par des complices, s'avise de demander à ses voisines d'où elles viennent et où elles comptent aller, il faut voir avec quel intérêt le wagon suit son manège. Ainsi, ce qui devrait naturellement s'échanger en sourires, en quolibets, en gaucheries qui touchent plus que les plus habiles manœuvres, reste à fermenter dans ces têtes déjà si bien remplies par les examens. Les filles font des boutons ou de la tristesse. Parfois encore (rarement) on se suicide. Les garçons deviennent timides à l'extrême ou secrètement violents jusqu'au jour où, par exemple, ils se mettent à six pour corriger un copain poule mouillée si vigoureusement qu'il ne s'en relève pas. De ces exécutions de préau qui dégénèrent en meurtre, j'en ai relevé une demi-douzaine dans les journaux de cet été.

On monte en Hokkaïdo parce qu'il y fait frais, mais aussi pour voir les « solitudes » tant célébrées par les agences de voyages. Mais on n'y va pas seul : quinze ou vingt constitue un bon nombre, avec quelques transistors en plus. La solitude, d'accord ! pourvu qu'on soit nombreux. Il est bien entendu que les budgets de groupe — qui sont plus modiques — jouent un rôle qu'on ne peut pas négliger, mais il y a aussi le plaisir du nombre. Je n'y trouve d'ailleurs rien à redire : ces étudiants sont simplement moins misanthropes que moi.

De loin en loin, on rencontre tout de même un mouton noir qui voyage en corsaire — oui, tout seul —, mais la bienveillance qu'il inspire s'efface lorsqu'il vous confesse cette tare en baissant la tête comme s'il s'agissait d'une maladie honteuse.

Celui qui vient de m'aborder est un garçon d'Osaka. Son copain l'a lâché, ou alors est tombé malade. Voilà vingt-quatre heures qu'il est seul. Il a visité une brasserie, deux cratères, la lisière d'une forêt « classée », et a l'ennui de la maison. Il consulte un indicateur pour voir comment combiner son voyage avec le mien.

— Aimez-vous le Japon ?

A mes heures, oui, beaucoup. Mais je n'aime pas cette question.

— Mangez-vous du *sashimi* (poisson cru) ?... Savez-vous marcher en *geta* (socques de bois ?)... manger avec les baguettes ?

Ce questionnaire inquiet, entendu tant de fois qu'il en devient pathétique. La réponse est *oui* à tout, car le poisson cru *est* une nourriture exquise, les *geta* ont leurs avantages, et la supériorité de deux baguettes de bois poli qui ne servent qu'une fois sur la fourchette d'acier qui a traîné dans toutes les bouches n'est plus à démontrer. Vivre « à la japonaise » ne présente aucune difficulté, de l'agrément plutôt : simple apprentissage de boy-scout, comme me l'a très bien dit un jeune père français. C'est vivre avec eux qui est parfois épineux... *et vivre tout court.*

Mon visiteur avise un livre sur la table et le feuillette, l'esprit absent. Il a un tic qui lui tire le coin gauche de la bouche et je vois bien que cela ne va pas fort. J'aurais un peu de charité que je n'hésiterais pas. Mais voilà, je sens qu'il cherche un maître... et moi j'ai tant détesté l'école. Et puis, je sais si peu de choses qui vaillent d'être enseignées. J'ai renversé les rôles ; il m'a appris les règles du *shogi* (les échecs japonais). Au bout d'un moment, je m'en suis débarrassé par le sommeil, le renvoyant à cette solitude dont il faut bien qu'il fasse une fois l'apprentissage. Je suis en train, tout doucement, de m'y mettre.

A la campagne, une question que les paysans m'ont souvent posée : si j'avais encore une mère ? Lorsqu'ils apprenaient qu'elle vivait de l'autre côté de la Terre, une véritable compassion envahissait leur visage : quoi !

tout seul dans un champ de riz, entouré d'étrangers, si loin de son village *et de sa mère*... « Enfin, ajoute-t-on parfois pour me réconforter, lorsqu'elle vous écrit cela vous fait de jolis timbres. »

## *Shiraoï*

En langue aïnou, *aïnou* veut dire : homme. Voilà un début qui a au moins le mérite de la simplicité. Les Aïnous sont un peuple de stock caucasien, originaire d'Asie centrale, qui occupait la plus grande partie de l'archipel nippon au moment où les éléments très divers qui composent la race japonaise actuelle (Yamato) vinrent s'y établir. Chasseurs et pêcheurs, leur culture n'est jamais parvenue au stade agricole ni à l'expression écrite, et leur langue, sans parenté avec aucune autre, demeure avec le basque un des casse-tête de la linguistique. Les Aïnous sont aussi la race la plus velue de la terre et passent pour être fort peu soucieux de propreté. Les Japonais semblent avoir éprouvé de bonne heure une répulsion irraisonnée à leur endroit et n'ont jamais employé pour les désigner que des termes péjoratifs : *emishi, ebisu, yesojin* (barbares, primitifs, rustres). Certains psychiatres japonais trouvent même dans cette « horreur du poil » une des raisons pour lesquelles les colons du Honshu ont mis si peu d'entrain à aller s'établir en Hokkaïdo.

A l'époque de Nara, les Aïnous tenaient encore toute la portion de la Grande Ile au nord de la transversale Sendaï-Niigata et n'entendaient pas en être délogés. Les Japonais envoyaient contre eux des généraux, grands calligraphes mais petits stratèges, qui expédiaient vers la Cour des dépêches à la Soubise pour justifier leurs retraites. Puis, sous les coups de capitaines plus aguerris et sous le poids d'une civilisation de mille ans plus évoluée que la leur, les Aïnous se retirèrent lentement vers le nord, talonnés par les Japonais qui déplaçaient à chaque règne leurs *limes* et leurs forts. Au XVIIe siècle, ces derniers étaient solidement installés dans le sud du Hokkaïdo, empiétant sur les dernières terres de chasse d'une culture qui, comme celle des Peaux-Rouges, devait disparaître corps et biens.

## *Le pot de terre et le pot de fer*

D'après les témoignages réunis à cette époque à Nagasaki par le Westphalien Kaempfer, les Japonais n'avaient pas trop bonne opinion de leurs nouveaux administrés : *Vigoureux, longs de barbe et de cheveux, aussi adroits au tir à l'arc qu'à la pêche et se nourrissant exclusivement de poisson. Ils les tiennent aussi pour fort mal embouchés, sales et malodorants, mais* — ajoute-t-il — *on ne peut leur donner créance là-dessus, les Japonais étant si fort épris de propreté et pointilleux dans leurs ablutions qu'ils nous font, à nous, exactement le même reproche.*

Il est vrai que les Hollandais — comme tous les étrangers — passaient, à bon droit sans doute, pour sentir la viande avariée, et que la malice populaire prétendait même que lorsque les *Komo* (têtes rouges) se rendaient en ambassade à Kyoto, toutes les mouches du Kyushu les suivaient.

Pendant que les mouches s'occupaient si bien, la « guerre des Barbares » reprenait sporadiquement dans le Nord à l'occasion d'un soulèvement aïnou. Une dernière rébellion en 1789, puis ce qu'il restait d'Aïnous se fondit sans histoire dans le maigre flot des colons japonais. Un recensement de 1945 en donnait quarante mille, un autre, en 1962, seize mille. Aujourd'hui, les « réserves aïnou » — trois foyers par-ci, une rangée de paillotes par-là — sont entretenues pour la satisfaction des touristes. Ils sont bien déçus, les touristes, mais ne se l'avouent pas, car à quoi bon gâcher les vacances du moment qu'on ne peut plus les reprendre.

Au village de Shiraoï près de Noboribetsu, il y a aussi un établissement de quelques familles : ce qu'on peut voir de mieux, paraît-il. J'y suis allé. A l'entrée du patelin, un panneau lézardé représente une femme aïnou en costume, le visage orné d'un tatouage en demi-lune qui couvre la bouche et fait sourire bon gré mal gré. Sous cette peinture on tourne à gauche et l'on s'engage dans une venelle de terre bordée de commerces folkloriques où des officiants en costume offrent des travaux de cuir, de bois, de fourrure, reliefs d'un art admirable, mais mités, mais d'une exécution hâtive, et fragiles comme sont les objets qu'on ne destine plus à servir.

Quand je suis arrivé, il pleuvait dru ; les touristes s'étaient abstenus. La journée avait été maigre et l'on m'a fait bon accueil. L'entreprise débrayait déjà et la moitié des figurants avaient troqué leurs tuniques colorées et leurs tiares d'écorce de bouleau contre l'imper et la casquette de base-ball. Trois enfants morveux — renfort qu'on peut produire en cas de coup de feu — jouaient dans un pneu de camion à un jeu (aïnou sans doute) dont le sens m'échappe encore aujourd'hui. Sous les porches, des hommes sculptaient à toute allure des ours en bois ; et deux fillettes qui auraient pu mieux employer leur beauté les frottaient avec une brosse à reluire.

— J'en fais quinze ou seize par jour et avec ça je tourne, m'a dit un de ces stakhanovistes. Tu m'en prends un ?

Mais c'était cher : j'ai répondu que je venais d'un pays rempli d'ours en bois, qu'on en trouvait même sur les drapeaux. Il a appelé à la rescousse deux vieilles qui ont tenté de m'en refiler à moitié prix un autre, un peu abîmé, avec des bourrades, des flatteries, des grâces, dans un genre plaisamment catin. Puis ils ont renoncé : ils le vendraient demain matin à un mal réveillé. C'est l'article qui marche le mieux, ces ours. C'est le seul aussi qui soit vraiment hideux et qui n'ait rien d'aïnou : l'ours bibelot universel, exorcisé comme le masque de Beethoven.

Je me suis promené dans ce quartier minuscule en regardant le jour tomber sur ces boutiques qui fermaient. J'étais désorienté : aïnou... aïnou... qu'y avait-il d'aïnou dans cette mise en scène négligée ? Peut-être justement cette foutaise, et aussi la douceur de ces visages charnus, de ces yeux injectés de bile où l'on retrouve le même mélange de veulerie et de mépris que dans ceux des clochards. Il restait un peu de lumière et j'ai fait quelques portraits de ces boutiquiers. Ils s'amusaient bien de me voir là avec mes appareils et mes souliers crottés, venu de si loin et si assidu. Le refrain de Brassens me revenait en mémoire : « Avec mon p'tit vélo j'avais l'air d'un con, ma mère... » Ils m'ont laissé travailler un moment puis m'ont expliqué que les vrais, les officiels, ceux qui ont de belles barbes et posent d'ordinaire pour un petit sou s'étaient déjà retirés et qu'il faudrait pour le moins un autobus avec guide pour les faire apparaître. Par une fenêtre de la paillote aïnou, plantée au milieu des cabanes de tôle comme un relief d'exposition coloniale, j'ai tout de même surpris un de ces ténors photographiques : une vieille pliée par l'âge qui balayait en chantonnant son petit musée poussiéreux. Elle croyait sa journée terminée et elle se trompait bien. Il fallait que quelqu'un paie pour mon long trajet sous la pluie et pour toute la frime que j'avais trouvée au bout. Je l'ai fait poser cinq bonnes minutes sous l'unique ampoule de sa case et elle est restée là debout, résignée, machinale. Les mains gauchement croisées sur les épaules, à me faire d'une voix filée le récit de ses malheurs en attendant que je décampe. D'ordinaire, ses visiteurs se font photographier à côté d'elle avec le déclencheur automatique, et puis bonsoir. Elle ne comprenait pas pourquoi je m'attardais tant. Mais on se laisse prendre à un visage, et celui-ci, couleur marron, presque effacé par l'âge et sur lequel le tatouage des femmes mariées imprimait ce large et triste rictus de clown, je ne pouvais plus m'en détacher. C'est moi maintenant qui ne voulais plus partir. Quand je lui ai dit combien je la trouvais belle, elle s'est pris les tempes à deux mains avec un petit rire coquet comme un rire de jeune fille. Elle m'a dit qu'en revenant le lendemain je pourrais voir les hommes. Elle me l'a même demandé, en me tapotant le dos de la main, et a ainsi un peu racheté ma bassesse.

Je suis revenu. Je les ai vus. Tous les deux. Chacun tenant son poste à un coin de l'impasse et attendant le client de pied ferme. Comme deux tabacs concurrents dans une rue peu fréquentée. Le premier déjà tout harnaché, bougon, l'air d'un druide d'opérette, sa tiare lui tombant sur les sourcils, tenant son glaive comme une cuiller. Je lui ai offert des cigarettes, mais ce qu'il veut c'est cinquante yens. Il m'a dit *suwanaï... nomanaï* (je ne bois ni ne fume), et c'est sans doute un bureau de voyages qui lui a soufflé ce mensonge vertueux, car les Aïnous sont des pochards insignes et des fumeurs invétérés. L'autre — celui d'en face — est beaucoup mieux. Je vous le recommande : une admirable barbe d'un empan et la tête de Gaston Bachelard. Il porte allégrement ses quatre-vingt-huit ans et flemme sur une chaise longue en chaussures de tennis et pantalons de plage, envoyant des ronds de fumée vers le ciel. En voilà un — me suis-je dit — qui marche avec son temps. D'ailleurs, s'il est ainsi vêtu, ce n'est pas qu'il fasse relâche, mais c'est qu'il a conservé sa fierté et met ses vêtements traditionnels lorsque ça lui chante ou lorsque des circonstances (qu'il est seul à connaître) le commandent. Digne, malicieux, se moquant bien de toute la plèbe qui défile à sa porte.

— Ce qui m'embête, m'a-t-il confié, c'est toutes leurs questions, car j'ai presque tout oublié.

Il est allé me préparer du thé. C'est le cousin de la vieille qui m'avait plu si fort.

Je n'ai pas regretté de m'être dérangé : ces deux vieillards sont après tout les derniers chefs d'une nation qui a occupé autrefois la moitié de l'archipel. En outre, ils partagent avec M. Eisaku Sato, Premier ministre, le privilège d'être les trois personnages les plus photographiés du Japon. De façon moins précaire, il est vrai.

*Pauvre gibier pris au piège de la civilisation mécanique... tendres et impuissantes victimes, je peux me résigner à comprendre le destin qui vous anéantit, mais non point être dupe de cette sorcellerie plus chétive que la vôtre, qui brandit devant un public avide des albums en kodachrome remplaçant vos masques détruits...* (Claude Lévi-Strauss.)

Le second établissement aïnou est situé à quelques kilomètres à l'est de Shiraoï, au bord d'un lac frangé de roseaux. Il se compose de trois paillotes traditionnelles et d'une longue alignée d'échoppes en ciment où l'on vend des souvenirs allant de la pelisse de fourrure à brandebourgs à la boîte de cachous « aïnou » en passant par le fume-cigarettes sculpté en forme de phallus. Sans oublier les ours, évidemment. La plupart des arcades sont aux mains de jeunes *aïnoko* (métis de Japonais) qui possèdent une autre affaire en ville et vont et viennent entre leurs deux négoces sur des motos Honda flambant neuves, en bottes de caoutchouc et complets croisés bleus. C'est la nouvelle vague, assimilée, ne parlant pratiquement plus que le japonais. En langue aïnou, « je vous dois trente-neuf francs » s'énonce : « Je vous dois neuf, plus deux fois vingt, moins une fois dix. » C'est le système de numération le plus compliqué du monde, seulement concevable pour des gens qui ne possédaient à la fois qu'un petit nombre d'objets. On comprend que les *aïnoko* n'y soient pas restés fidèles. D'autant plus que leur commerce de bibelots m'a l'air de marcher fort. Ils se sont même installés à Shiraoï

— cette lugubre bourgade — un petit jazz-club extrêmement sophistiqué où ils vont le soir, en sortant du bain, boire de la bière en écoutant Thelonius Monk. J'y ai passé une excellente soirée avec le fils de l'aubergiste, un bûcheron, un champion de patinage de vitesse, le fier-à-bras du groupe, qui ne cessait d'enlever et de remettre les fausses dents qu'on lui pose après chaque bagarre, et le barman en veste blanche — camionneur dans la journée — qui allumait les cigarettes à la ronde avec un Dunhill or massif et me confia qu'il employait ses loisirs à traduire Hemingway en japonais. Tous également ouverts d'esprit, directs et sans complexes.

Les Aïnous purs appartiennent, eux, presque tous à la vieille génération, ne servent plus qu'à la figuration et vont se changer en toute hâte dans la cabine de l'autobus lorsqu'on annonce un car de touristes ou la visite d'une société savante. Ils s'asseyent alors docilement en rond au bord de leur lac en attendant que les photographes en aient terminé. Pour un petit supplément, ils produisent deux ours noirs assez joueurs avec lesquels ils se livrent à quelques cabrioles (je n'ose appeler ça une danse).

Je suis tombé précisément au milieu d'une de ces réjouissances. Les costumes — des tuniques à fond blanc ou brun décorées de motifs curvilignes où dominaient le noir, le vert et le rouge — étaient admirables. Les visages maussades : ce n'est pas non plus une vie que de toujours « avoir été ». Les spectateurs japonais, sous la direction de leur guide, étaient déjà au travail : le pré bourdonnait de caméras, étincelait de l'éclat des lunettes. Je me suis installé à l'intérieur du cercle et j'ai pris mes photos aux cris de *Gaïjin... kankeï naï* (cet étranger ici... ça ne va pas). Littéralement : *kankeï* (la relation) qui lui permettrait d'agir ainsi, elle n'existe pas. J'avais pourtant pris soin de m'accroupir pour ne pas être dans le champ, mais peut-être que la présence inattendue d'un étranger à ce spectacle lui enlevait le peu d'authenticité qui lui restait.

Et puis c'est un concept ambigu, l'étranger, et dont on peut aisément inverser le signe ; d'ordinaire, on l'entoure — en prenant sur soi — de prévenances qui ne sont pas toujours spontanées dans l'espoir qu'il emporte en repartant une « bonne impression » ; mais il suffit qu'il soit poussiéreux, l'oreille basse, ou que la « relation n'existe pas » pour qu'il serve alors d'exutoire à mille ressentiments secrets et frustrations supportées sans broncher. Il ne faut pas s'en alarmer, cela passe, et c'est d'ailleurs tout naturel. Enfin, lorsqu'on prend des photos, il y a des jours où il ne faut pas trop se soucier d'être populaire et faire son travail avec détachement. C'est très bien sorti, merci.

Vers midi, je suis parti à pied en direction de Samani. Pluie et soleil mêlés. La route, bordée d'ombelles géantes, de pâturages, de rares fermes à toits rouges, filait d'un trait jusqu'à l'horizon. Un petit train à vapeur, un train de livre d'images, traçait dans ce paysage dormant un paraphe de fumée noire. Je marchais en zigzag sur cette large chaussée, saluant ici et là les chevaux, shootant une boîte de conserve comme un personnage de Fellini, et songeant avec mélancolie à cette culture de chasseurs d'ours et de pêcheurs de truites, à la fraîcheur de son langage de fourrure, d'écorce, de glaise et au peu qui en avait survécu.

*Pour trente yens par personne* — précise le guide officiel japonais (édition 1962) —, *les aimables, les gracieux Aïnous s'empresseront de montrer aux visiteurs leur héritage culturel, leurs trésors, leur maison...*

Aïnous, vahinés, Ouled Naïls, Hopis et Navajos de l'Amérique : pauvres enfants adultérins de Thomas Cook ! Ici, en fait, c'est comme si l'on avait conservé dans un enclos à Gergovie vingt Gaulois avec leurs francisques, leur trachome et leurs morpions. Pas même de quoi faire une thèse là-dessus, et Dieu sait qu'on les fait minces aujourd'hui !

Si vous passez jamais par Shiraoï, allez plutôt voir du côté du jazz-club : d'ici un an on y saura assez d'anglais pour vous expliquer ce que le Hokkaïdo pourrait devenir un jour.

***Une piqûre de guêpe***
***sur un visage en pleurs***
(proverbe japonais)

En fin d'après-midi j'ai quitté Shiraoï. Le ciel se couvrait : j'avais envie de marcher et j'ai décidé de regagner Noboribetsu par la plage. J'ai traversé le marécage qui s'étend entre la mer et la route et atteint de longues dunes de sable noir semées de racines couleur d'ossements. Pas une âme, pas une trace de pas. Ici et là, la double empreinte profonde laissée par un phoque, et des nappes de brouillard qui circulaient à des allures d'autobus. J'ai enlevé mes chaussures et foulé le sable en écoutant le cri gelé des mouettes et le ressac de vagues invisibles. J'avais vingt kilomètres de plage pour moi, je me répétais : la mer... la mer, et j'étais content. Les plaisirs les plus simples sont les meilleurs. Au bout d'une heure, la nuit est tombée comme une pierre et je me suis trouvé arrêté par un chenal qui reliait la mer à la lagune. En me penchant, je pouvais voir un fort courant rider la surface, mais je ne voulais pas revenir sur mes pas et l'idée de traverser le marais dans le noir ne me disait rien qui vaille. J'ai mis mes habits dans ma sacoche, la sacoche sur ma tête, et me suis engagé dans le chenal. Beaucoup plus profond que je ne le pensais, et le reflux déportait violemment vers le large. J'avais peur de marcher sur un oursin, un tesson, une holoturie. Au beau milieu j'ai manqué trébucher et, précisément là, par une nuit d'encre, en équilibre instable dans ce fort courant, de l'eau jusqu'aux aisselles, j'ai *vu* l'ami qu'Eliane héberge en mon absence sortir de notre lit, à mille kilomètres de là, en s'étirant insupportablement. Lorsqu'un gribouille comme moi va s'égarer sans profit dans des lieux aussi déshérités, il n'est pas du tout maître de ce genre d'images. Foudroyé par ce soupçon absurde, j'ai bien failli démarrer comme un bouchon vers le large et rejoindre l'armée de fantômes vengeurs qui hantent le détroit de Tsugaru. Bien heureusement j'ai repris pied presque aussitôt. Se noyer sur cette pensée ! moi qui me suis toujours souhaité une belle mort...

De l'autre côté, en frottant beaucoup d'allumettes, j'ai trouvé un passage qui m'a guidé à travers le marais jusqu'à la route en évitant les sables mouvants. J'étais transi et trempé. Vainement tenté d'arrêter une voiture.

La nuit et le brouillard rendent les gens peureux, c'est normal. Cela m'a beaucoup rajeuni de brandir le poing et de crier « salaud » à des feux arrière de camions qui s'éloignent.

## *Au sud de Samani*

Un bus dont j'étais le seul passager m'a posé à ce terminus à neuf heures du soir. Tout est éteint. C'est un petit port abandonné de Dieu sur lequel il pleut des hallebardes. Je me suis précipité à l'auberge avant qu'ils ne tirent leurs volets de bois. Juste à temps. On a étendu pour moi une paillasse dans une chambre occupée par deux autres dormeurs.

Du seuil de la cuisine, le patron et sa femme suivent à la télévision une de ces romances à épisodes où l'on comprend, à l'inclinaison accablée des nuques et à l'expression figée des visages, qu'il y aura encore bien des larmes et des traverses avant que les amoureux ne se retrouvent. Dans un coin de la pièce, le fils de treize ans que ces balivernes n'intéressent pas fait du *shadow-boxing* et porte à un adversaire imaginaire des coups de karaté dont la moitié au moins seraient mortels. Pieds nus, le crâne tondu, sanglé dans son uniforme noir d'écolier, il est complètement absorbé par son manège et souffle bruyamment. Cette face aux narines pincées, le jeu brusque et rompu des coudes, les cris sourds dont il accompagne chaque détente : tout cela compose un spectacle assez inquiétant. On n'imaginerait pas ça dans une ferme provençale ou vaudoise, mais ici on ne vous laisse jamais oublier longtemps que le Japon a une culture martiale.

*On a relevé 167 cas d'agressions ou autres violences commises par des élèves du degré primaire, secondaire ou supérieur contre leurs professeurs au cours de l'année écoulée... Un total de 1 695 écoliers ont été impliqués dans ces affaires... Le même rapport de police précise qu'environ 17 000 élèves des degrés primaire, secondaire et supérieur sont affiliés à des organisations criminelles dans tout le pays...* (Du quotidien *Japan Time*, décembre 1964.)

Volontiers on compare les Japonais aux Spartiates, puis on se rassied, croyant avoir tout dit. Eux-mêmes mettent une certaine coquetterie à relever cette analogie. C'est un peu court, car les occasions de les comparer aux Athéniens ou aux Romains ne manquent heureusement pas. Il demeure qu'on retrouve en filigrane à travers l'histoire japonaise ce goût de la frugalité chagrine, de l'endurance morose, et cette pointe de masochisme qui ont si bien plongé Sparte dans l'oubli. Une fois les morts enterrés, on remet son sabre sur l'aiguisoir et on tue le temps en attendant d'avoir mieux à tuer. Je vois bien quelles vertus d'abnégation forment l'envers de ce défaut-là, mais ces éthiques de l'holocauste et de la violence me laissent un peu sur ma faim. Finalement, Sparte ne nous a rien laissé sinon le nom d'un législateur rébarbatif et des anecdotes établissant que les mères préféraient voir leurs fils revenir sur leurs boucliers que sans. Ce n'est évidemment qu'un des nombreux aspects de la civilisation japonaise, mais vivace, majeur et auquel, dès la fin de l'époque Heïan, les circonstances ont souvent donné le dessus. Sur les mélancoliques faits d'armes qui ont endeuillé le Moyen Age japonais, c'est encore une fois Basho qui a eu le dernier mot. Passant, sa besace de pèlerin sur l'épaule, par le lieu d'un carnage célèbre, il a écrit :

*Natsugusa ya !*
*Tsuwamono-domo ga*
*Yume no ato...*

L'herbe flétrie d'été
C'est bien tout ce qui reste
Du rêve des guerriers...

On a beau répéter que ces samouraïs étaient aussi des esthètes, des connaisseurs en poterie, des calligraphes accomplis, ou, comme le jeune Atsumori — un Lancelot japonais massacré dans la fleur de l'âge —, qu'ils jouaient de la flûte à vous en retourner le cœur, cela ne change rien à l'affaire. Ces passe-temps relevés qui leur font grand honneur ne doivent pas faire oublier que presque toute l'énergie mentale de l'élite était consacrée à l'art d'occire et de mourir dans les formes au service d'un patron. Les vieux capitaines, lassés par la cruauté de cette vie sans merci, n'avaient pas d'autre ressource que de se raser la tête et prendre la robe du bonze mendiant. Cela donnait de fameux bonzes, d'ailleurs : durs à la peine, toujours sur la brèche, déployant à eux seuls autant de compassion que tout un corps d'armée. La société japonaise est un carcan dont on ne s'échappe que par le haut...

Le jeune homme vient d'en finir avec ses exercices et le patron a éteint son poste. Je retourne à ma chambre et mange un bol de riz froid entre mes voisin endormis. Le premier s'est assoupi, la joue sur une carte routière. L'autre ronfle, un chapeau gras sur les yeux, et fait en rêvant des trajets considérables. Il a le bras gauche posé sur une grosse boîte de colporteur qui s'est renversée et d'où s'échappent boutons, chewing-gums et lames de rasoir. En déroulant ma paillasse je vois sauter une puce, la perds, la retrouve ? Non : c'en est une autre, plusieurs autres. N'allez surtout pas croire que les Japonais d'ici soient moins propres que les autres, mais c'est ici un canton de pauvres que la pauvreté attache court, et, si souvent qu'ils aillent au bain, leurs puces les rejoignent, s'installent dans l'épaisseur de la natte, où c'est le diable pour aller les déloger. Ça me rappelle des nuits passées autrefois dans une auberge de Macédoine où les puces me venaient en troupe et où je couchais, faute de mieux, avec la vermine de tout un quartier y compris la mosquée. Mais je n'aurais pas dû réveiller ces images de soleil et me voilà aux prises avec un coup de bourdon bien japonais : cela part en rayonnant de l'estomac... et tout ce dont on se faisait fort se dilue et disparaît. Je ne connais pas d'autres pays pour vous retirer avec tant de dextérité la chaise de dessous les fesses. Il faudrait boire un peu de saké chaud, mais je ne veux pas réveiller cette maison endormie, et je n'ai presque plus d'argent. J'allume une lampe de poche et relis pour me réconforter quelques pages de *Jacques le Fataliste*, mais on ne cesse de s'y divertir en bonne compagnie et d'y boire de l'anjou à pichets renversés. Je m'allonge dans le noir en me persuadant, pour endiguer la déroute, que mes deux voisins sont des Bouddhas, et moi aussi : les derniers *sutra* l'affirment.

## XXIII

## LE CAP ERIMO

LE bus qui descend vers le cap Erimo par un chemin de sable disparaît presque aussitôt dans un cocon de brouillard et le bruit du moteur s'éteint comme une chandelle. Nous sommes une douzaine là-dedans à lutter contre le sommeil et, de temps en temps, la tête d'un voisin vous roule sur l'épaule. Pendant l'été, un vent constant tire et retire sur ce cap une grande couverture de brume, trouée, d'une blancheur hypnotique. Elle s'étend et se partage à toute allure et par les déchirures on voit des cascades de prés d'un vert incomparable descendre en silence vers la mer. Puis tout est repris dans le blanc. Puis de nouveau ce vert où tremble une pointe de violet — ce sont des iris sauvages, les pétales crevés par le vent qui vibrent sur leur tige. Sur les rocs de la côte, des chiffons noirs fixés à des perches claquent anxieusement pour signaler une épave, un courant, une sirène ou je ne sais quelle bête.

Il n'y a personne dans ce paysage fait exclusivement d'herbe, de lumière, de remous, pauvre, obstiné, répétant inlassablement la même chose comme dans un rêve, oui, ou comme dans l'histoire d'un conteur prodigieusement doué. Et quand le soleil pénètre ce brouillard plein d'eau de mer en suspension et creusé de galeries de vent où les corbeaux s'engagent en nombre impair, c'est comme si ce pays brumeux et fou tenait tout entier dans une boule de cristal magique, et l'on sent partout une convexité qui vous transporte. Immenses prés, immense talent. Je me demande comment le chauffeur de l'autobus peut traverser chaque jour ce palais de glaces sans tomber dans une sorte d'ébriété ou dans une mélancolie incurable, et penser encore embrayage ou paquets à déposer.

Il est d'ailleurs bien, ce bus. Pas d'arrêts fixes : ici une femme monte, là deux enfants descendent et disparaissent dans l'opaque en se tenant par la main. Il rugit calmement dans le vent et traverse ce velours royal comme un scarabée allant à ses affaires. C'est aussi le véhicule qui convient le mieux à ce spectacle, car ici il ne faut ni cheval (c'est romantique et l'on s'en croit), ni sa propre voiture (on flanque des claques à sa marmaille qui obstrue le rétroviseur), ni même une cariole attelée (c'est pittoresque : on regarde les lanternes de cuivre et les oreilles de la jument en se disant : « Cette cariole, nom de Dieu, quelle chance ! » et tout cet accessoire vous sollicite et s'interpose entre le paysage et vous).

Mais dans ce bus rien ne vient me distraire. J'en ai pris si souvent. Tout cela m'est si familier : le ceinturon trop serré de la receveuse qui lui fait bomber le ventre, ses coups de sifflet pour aider à la manœuvre, *oraï... oraï...* (on passe), la rose de plastique dans un vase au-dessus du conducteur, le micro qui merdoie un peu et qu'on tapote sans succès pour le faire taire, les passagers qui dorment dans des postures de suppliciés. Ces choses je les connais si bien que je ne les vois même plus. Intime, rassurant On est là comme dans le ventre de sa mère, plus secoué seulement... En outre, ça n'est pas cher, le bus (j'ai payé quatre francs pour une journée entière), et cela va partout. Quelquefois même dans le ravin, dans la rivière, au bas de la falaise rongée par les vagues, et tous les paquets s'éloignent en flottant... alors adieu la vie ou, pis encore, adieu les femmes ou, si c'est la tête qui écope, adieu les problèmes d'hectolitres et les citations qu'on place au bon moment. Mais quand même ce malheur vous arriverait, quand même vous ne distingueriez plus le Yin du Yang ni le Fils du Saint-Esprit, vous pouvez être assurés d'une sympathie générale. On ne s'effarouche plus d'un étranger blessé. L'hôpital du district se mettra en quatre et les brancardiers vous feront des papiers pliés en forme d'hirondelle ou de baleine pour vous arracher un sourire ; vous aurez entre deux piqûres la visite du journaliste local, un ex-officier de la marine impériale peut-être, qui ne sait pas bien manier son flash et ne vous dira rien des tribulations qui l'ont conduit à cette position modeste, mais vous pouvez imaginer le pire, puisqu'ici si souvent le pathétique et le quotidien se confondent. Puis on vous montrera dans la gazette locale le sous-titre qui vous concerne *(Destin tragique d'un visiteur étranger)* ; sur votre lit se poseront des lettres — pas une, mais sept, mais onze — d'écolières désolées, sincères, brûlantes. Et le professeur le plus proche viendra sur sa moto vous les traduire : « Je suis seule dans la ferme, je pense à votre mère.

Les cerisiers ont déjà fleuri ; les pruniers pas encore. Rattachez-vous aux ancêtres, aux saisons, et vous reprendrez courage. » Bref : des lettres telles que le jeune Werther n'en écrivit jamais et telles que vous n'en recevrez jamais plus...

... Un cassis me réveille. J'ai dû rêver un peu entre deux bâillements. Le soleil est bien levé maintenant et c'est encore plus beau. Le bus est arrêté devant une boîte aux lettres cramoisie. Il y a ici un petit établissement humain : cinq maisons dont les toits de tôle peints en turquoise, brique et bleu flottent dans cette brume lumineuse, et sur une grève en demi-lune cinq bateaux décorés d'énigmatiques motifs rouges qui ressemblent à des runes. En dessus des bateaux et des toits s'élève un mamelon abrupt du même velours vert parfait que j'ai vu ce matin, et, précisément au sommet, un gros cheval noir arrache avec ivresse l'herbe rase. On n'a pas le temps de se demander s'il est monté tout seul là-haut ou s'il a le vertige que déjà le brouillard l'avale. C'est comme si Jérôme Bosch s'était surpassé et qu'un peintre encore bien supérieur soit ensuite venu débarrasser son tableau de la rocaille, des diableries, de tout l'inutile. Cela fait des années que, sans le savoir, j'attendais ces images qui me remuent inexplicablement. J'ai quitté le bus et suis resté sur le bord de la route à peu près ivre, la tête bourdonnante, et de la peine à déglutir comme quelqu'un pour qui on en fait trop. J'ai poursuivi ma route à pied.

## *Onze heures du matin*

De nouveau une boîte aux lettres, des bateaux et des maisons dans le même agencement admirable : de solides maisons en bois d'épave, qui n'ont plus rien à craindre de la mer. Par la fenêtre d'une de ces cabanes, j'observe depuis un moment un couple de pêcheurs occupés à étendre sur des séchoirs des algues longues de plusieurs mètres et grosses comme le poignet. Je n'ai pas encore rencontré grand-monde sur cette côte, mais tous ceux que j'ai vus allaient par couples, et jamais bien éloignés l'un de l'autre. Tout à fait comme les albatros ou les pluviers. La femme en général un peu plus grasse et rendue plus hardie par la curiosité. J'ai frappé au carreau.

— Bonjour !

— Entrez donc !

— Est-il impossible de prendre votre photo ?

(Il est plus poli de poser la question à la négative, et plus la vie est maigre mieux cette politesse qui la meuble un peu se justifie.)

— Bien sûr que non !

(C'est-à-dire : faites donc, je vous en prie...)

Elle est venue à la lumière, sur le seuil de la porte, et j'ai fait un portrait genre « Salon américain ». L'homme découpe ensuite une de ces algues en lanières fines comme du tabac à chiquer et m'en remplit les poches. C'est du *kombu*, que l'on mange ordinairement macéré dans le vinaigre et qui m'a l'air d'être l'unique ressource de ces villages. J'ai poursuivi ma route en mâchonnant cette espèce de cuir qui contient tous les goûts de la mer : sel, iode, la trace d'un banc d'anchois ou le sillage huileux d'un cargo. En le retournant sur la langue on a même l'impression d'y sentir la pulsation des marées et le poids de la lune. Cela m'a tenu lieu de déjeuner.

### *Village d'Erimo, midi*

Tous les visages ici ont ce demi-rictus et cet air consumé que donne un vent continuel mais, dans la boutique du laitier, face à l'arrêt de l'autobus, j'ai vu une fille fardée comme à la scène qui bourrait un petit poêle russe avec de vieux cartons. Je suis allé m'asseoir près de ce fourneau qu'on n'éteint pas de toute l'année et elle m'a apporté du lait. Elle a les yeux d'un gris-violet que je n'ai jamais trouvé encore au Japon, et des mouvements d'une souplesse alarmante. Je la trouve vraiment belle dans ce genre brûlé qu'ils ont ici. Et que peut-elle bien faire dans ce coin perdu avec ce maquillage parfait et ces ongles vernis ? Elle s'occupe depuis quelques jours du ménage de son oncle qui s'est réveillé veuf l'autre matin. Mais avant ? Elle dressait des otaries savantes dans une boutique foraine du port de Muroran et y retourne d'ailleurs chaque dimanche pour les faire travailler un peu, car ces petites bêtes, voyez-vous, ça oublie plus vite encore que nous. Bien ! lorsqu'on a déjà les yeux violets, pourquoi ne dresserait-on pas aussi des otaries ? Et puis c'est un matin où tout m'est bon.

De temps en temps un visage émerge de la brume, s'écrase contre la vitre de la laiterie et m'examine attentivement. Cela va et vient : j'en vois parfois deux ou trois à des hauteurs différentes. C'est que les gens de ce village n'ont pas beaucoup de visites : une fois par jour l'autobus, et de loin en loin une épave ou un avion de la météo qui s'égare et dégringole dans ce fabuleux brouillard. C'est seulement ici et aujourd'hui que j'ai compris ce que j'étais venu chercher dans cette île.

### *Entre Kushiro et ?*
### *(cinq heures du matin)*

Ce train omnibus est bondé de vieillards en braies et de vieilles en fichu qui coltinent dans le demi-jour des caisses de fer-blanc, les installent entre les banquettes où elles bondissent à chaque cahot, suintent et répandent une horrible puanteur de marée. Ce sont des colporteurs qui vont revendre au fond des campagnes les déchets qu'ils ont pu ramasser ce matin sur le port : têtes de morues, fragments de pieuvres, petits crabes un peu abîmés. Une poissonnaille minable et qui empeste, car, dans la mer aussi, le pauvre a son odeur. Les femmes emportent également des sucreries roses et vertes qu'elles emballent par paquets de cinq dans de la Cellophane et qui — quelque soin qu'elles en prennent — finiront par sentir le hareng. Accroupies sur les banquettes, elles travaillent à toute allure, sans cesser de jacasser, et, à l'occasion, s'expédient entre voisines un coup sec sous le jarret pour se faire dégringoler dans les rires et mettre un peu d'animation.

Les deux vieilles qui me font face ont terminé leur besogne, sorti leur *bento* (pique-nique) et prennent leur petit déjeuner — du riz collé et quelques brins de choux aigre — littéralement sur mes genoux. Puis la première déplie un mouchoir immaculé et essuie d'un geste gracieux les grains qui couvrent mon paletot, tandis que la deuxième frotte une allumette souffrée et la laisse brûler jusqu'au doigt parce qu'elle a lâché un de ces vents que la civilité réprouve.

Maintenant le soleil levant ricoche sur les marécages et remplit le wagon d'une belle lumière tabac. Les mâchoires plombées étincellent et les visages commencent à briller : tannés, ridés, les traits tout écornés comme ceux des bouddhas de cimetière ; mais ce qu'il en reste est très doux et les regards ont quelque chose de direct et d'espiègle que je n'ai pas trouvé souvent ici. Du moment qu'on n'a rien à perdre on n'a rien non plus à cacher ; et ces gens, réduits à compter plutôt sur la vie que sur leur vie, s'en tirent parfois mieux qu'on ne croit. Il est pourtant bien frugal et râpé, ce wagon, mais c'est la compagnie la plus chaude et la plus libre que j'aie rencontrée au Japon. Je ne dis pas cela par une sentimentalité à la Richepin, mais parce que je vois bien avec quelle aisance ces gens s'entraident, s'accordent, trouvent partout matière à rire ou à bavarder. Quand je les photographie ils s'amusent — sans gêne ni niaiserie — parce que j'opère de tout près et qu'ils sont habitués à se retrouver minuscules sur ces photos d'albums où, par sentiment de l'insignifiance du personnage, on inclut le plus de paysage possible.

De temps à autre, la conversation — un feu roulant d'obscénités robustes — s'interrompt et chacun se précipite aux fenêtres parce qu'on peut voir dans le marais une grue lisser son plastron, un oiseau d'une élégance et d'une blancheur indicibles posé au milieu des roseaux comme un vase Ming.

Apercevoir une grue c'est mille ans de bonheur. Une tortue, dix mille. Quant aux poissons, les rapports ne sont pas si mauvais qu'on le suppose : tous les trois ans, ces colporteurs qui ne se font pas cent francs au mois rendent visite à un temple bouddhique, touchent du front la natte, remettent au bonze dans une enveloppe pliée selon les règles un peu de leur peu d'argent et font célébrer un office pour le repos de ce fretin massacré qui les a fait vivre.

Le vieux Mikimoto en faisait autant pour les huîtres perlières auxquelles il devait sa fortune, et, dans les temples de Kyoto, on célèbre chaque année un service pour les aiguilles cassées par les couturières ou pour les blaireaux qui ont donné leurs poils aux pinceaux des calligraphes. Saint Paul dit : « Dieu se soucie-t-il des bœufs ? » Mais les Japonais vivent dans un monde uni où l'on se soucie même des moules... après les avoir mangées, il est vrai.

## *Au lac Mashu*

En France, les guides préposés aux monuments historiques vont parfois jusqu'à retirer leur casquette pour parler aux femmes (un surtout, très courtois, au palais d'Avignon), mais un guide français qui dirait à son autobus de congés payés : « Je ne voudrais pas être importun, mais si vous daigniez tourner la tête, vos yeux se poseraient sur le château de Villandry » passerait pour un mauvais plaisant et risquerait même de récolter des claques. Ici, ce qu'on vous dit au micro lorsqu'on arrive en vue du lac Mashu... je ne sais comment traduire : c'est bien plus poli encore.

Le lac Mashu est dans un cratère dominé par un autre cratère qui ressemble à un feutre qu'on aurait enfoncé d'un coup de poing. Un peu un lac des montagnes suisses, en plus sauvage, avec l'ambiguïté que le volcan ajoute au paysage. Au milieu, une petite île. Pas trace d'habitation, mais une plate-forme d'observation pour les touristes où, les dimanches d'août, on peut entendre : *Osanaï de kudasaïmase* (daignez ne pas pousser). Il y a dans les environs deux autres lacs qui valent bien celui-ci, mais le lac Mashu est recherché pour son « ambiance mystique » ou mystérieuse (je crois qu'il vaut mieux entendre le mot *shimpiteki* dans le premier sens), sans doute parce qu'une autorité en matière de paysage en a décidé ainsi. J'étais le seul étranger.

— Eprouvez-vous un sentiment mystique ? m'a-t-on aimablement demandé.

— Je trouve ce lac très beau, mais pourquoi mystique ?

— Parce qu'un professeur très estimé l'affirme ; quand donc apprendrez-vous à croire ?

Quand donc ? Très bonne question !

## XXIV

## AU MUSÉE D'ABASHIRI

COMME je traverse la place en sautant par-desssus les flaques à la recherche du musée local, des enfants gais, crottés, morveux m'apportent de grandes feuilles de papier sur lesquelles ils voudraient que je signe. Nous nous installons sous un porche. Mais je déteste signer : donner comme de la bonne monnaie à ces gamins si confiants ce nom que le voyage à vidé de toute substance me fait l'effet d'une imposture. J'écris donc « scarabée », « cavalcade », j'écris « farine », bref ! des mots qui portent un peu la musique et la chance. Me voyant si docile, ils en appellent d'autres, plus petits, qui me tendent des morceaux de carton mouillés et qui pompent, et je signe « Pommard », « Demoiselle de Montrachet », « Chantemerle », qui est le nom d'un bois de Vendée où j'ai, voilà longtemps, cherché des champignons sous la même pluie continuelle. Aussitôt je revois l'auberge, le lit à boules de laiton, la femme qui s'y réveille en riant, et je reste la plume en l'air, saisi par le miracle que c'est d'exister et de se souvenir. Caillots ensoleillés de la mémoire.

— Tes noms sont tous différents, crie la plus grande de la troupe en comparant les feuilles.

Elle a une voix rauque et saute sur place dans la boue en découvrant des cuisses parfaites. Ils m'accompagnent au musée où ils entrent en coup de vent avec leurs galoches boueuses. Me tirent d'une vitrine à l'autre. « Voici trois ours », et ils passent outre. A leur âge trois ours empaillés m'auraient tout de même retenu plus longtemps mais j'ai l'impression qu'ils viennent chaque jour et se trouvent ici chez eux. « Les enfants d'un crabe. » Ce sont de petits œufs brunâtres qui pèlent dans un flacon de formol. Puis ils me plantent là et retournent à leurs affaires. L'heure est matinale, les salles mal éclairées. C'est le genre de musée que j'aime, j'ai l'impression d'explorer le grenier d'un inventeur. Voici :

— un tandem ordinaire verni en noir avec trois positions de pédales, daté 1911 ;

— une chaise à porteurs de daïmyo en laque noire blasonnée de chrysanthèmes d'argent ;

— trois paradisiers du Pacifique-Sud offerts par un colonel qui a fait sa guerre là-bas ;

— des traîneaux et des arbalètes aïnou dans lesquels il n'entre pas une pièce de fer ;

— la maquette en coupe d'une mine de potasse ;

— le livre de comptes, l'icône de voyage et le couteau à sept lames d'un négociant russe qui a péri voilà cent ans dans un naufrage au large de ces côtes.

Mais, surtout, des statues magiques en bois taillé d'une tribu Oroko de Sibérie qui est venue par Sakhaline s'installer ici, après la guerre, avec son *chaman*. Hautes comme la main. Le visage ovale et légèrement concave, le nez à peine esquissé et de petits yeux d'obsidienne qui vous suivent anxieusement où que vous alliez. Deux de ces figurines sont prises dans un nuage de copeaux détachés du socle, et ont absolument l'air de chercher leur chemin à travers un blizzard. On sent un index invisible posé sur toutes les bouches, et ces poupées expriment si fort le silence, le froid, le grésil et la neige qu'on remonte instinctivement son col de veste. Du Klee boréal. J'ai bien envie de transporter toute la famille dans une meilleure lumière pour la photographier, et demande le conservateur. Le voilà, suivi à distance respectueuse par un disciple en blouse blanche. C'est un limpide vieillard à toupet blanc, qu'un enthousiasme continuel fait trembler comme une feuille. S'incline, se relève, éclate de rire.

— Mes poupées vous ont déjà donné froid ! Photographier ? oui ! Dans mon bureau ? bon !

Il tarabuste les serrures des vitrines, tranche les attaches des statuettes comme si chaque seconde comptait, emporte une brassée de « dieux » sous son bras, en laisse tomber un qui se brise une jambe que l'assistant recolle placidement, et la légère boiterie qui lui en reste le rend plus énigmatique encore.

Nous posons les fétiches sur une vitrine couverte d'une housse blanche. La prise de vue a duré trois heures, pendant lesquelles le vieux n'a pas cessé de monologuer. Ce musée, c'est sa collection personnelle ; il a fait lui-même les frais du bâtiment, ses caves regorgent d'objets magnifiques, il y a soixante ans qu'il a quitté le Kansaï pour s'établir ici et devenir le parrain et le protecteur des Aïnous, puis des tribus Oroko et Giliak, qui se sont réfugiées ici quand les Russes ont repris le sud de Sakhaline. Il a voyagé en Mandchourie, en Mongolie-Intérieure, et fait la Chine du Nord (à vélo) avant la Première Guerre mondiale ; toute l'Asie du Sud-Est dans les années trente ; il y a dix ans, l'Italie, la Grèce, la France, l'Egypte, le Liban ; un de ces jours voudrait bien visiter l'Afghanistan, la haute Bolivie, les Esquimaux de l'île du Cuivre. Il approche pourtant des quatre-vingts ans... Pas de doute : son ami, le sorcier Oroko, doit lui prêter un Balai volant. Monsieur Yonemura, je vous le recommande.

Je pense au Louvre, cette tombe. Je me dis que tous les musées devraient être comme celui-ci : branchés directement sur les artères d'un vieil homme qui a un droit sur les objets, les manipule et les aime, les fait briller au « tripoli » et, si par malchance ils s'écorniflent un peu, un factotum doué les répare si bien qu'ils sont plus beaux qu'avant. Ces musées-là — on les trouve en province — sont les seuls à procurer des instants d'enchantement véritable, les seuls où subsiste une chance de découvrir, entre les zibelines empaillées et le bouclier bantou, un Stradivarius authentique, ou alors des enseignes, ex-voto, pots à pharmacie qui vous sont si personnellement destinés qu'ils transformeraient le plus honnête homme en voleur. Les seuls encore où, grâce au génie et au désordre, le passé n'est pas arbitrairement coupé du présent. Prenez le musée Greuze à Tournus : il y a au bas de l'escalier un pot en grès à motifs bleus qui a bien deux cents ans. On se demande si Greuze y broyait ses couleurs, on regarde : non, cela appartient au concierge qui y met macérer des cerises dans de la fine.

Les photos enfin terminées, le conservateur s'approche de la vitrine.

— Vous avez vu ce qu'il y a là-dessous ?

Il saisit la housse par un coin et tire d'un coup sec en saluant comme un prestidigitateur. Son toupet blanc décrit un demi-cercle. Dessous, c'est un squelette humain complet installé sur un fond de sable dans une posture pensive et langoureuse, tel qu'on l'a trouvé près d'ici en fouillant un tumulus. Dans les orbites, la mâchoire, le scrotum, entre humérus et tibias, des oursins et des coquillages de couleur sont joliment disposés.

— Vous voyez ! l'attitude du corps : tout à fait fidèle !

— Bon, mais les coquillages ?

— Les coquillages, c'était pour m'amuser.

— Une question encore : ce beau tandem dans la première vitrine, daté 1911 ?

— C'est le mien !

# XXV

## UNE DÉPRESSION VENUE DES KOURILES

MON train transporte sa cargaison de serpes, de haches au tranchant bleu graissé soigneusement enveloppées de toile et de dormeurs aux visages noircis par la fatigue, vite et tout droit à travers la nuit verte car il a beaucoup plu sur les talus d'herbe tendre et sur les guérets qui bordent la forêt primitive. Et maintenant, puisqu'il s'arrête, penchons-nous un peu à la fenêtre : c'est une petite gare dans la nuit tombée, pleine de rouleaux de cordes, de sacs de sciure et d'ombres fléchies qui circulent en déroulant ces cordes et s'interpellent en bâillant. Il y a des jours comme celui-ci où quoi qu'on en ait, on ne voit que de pauvres gens faire de pauvres choses, où tous ceux auxquels on s'adresse ont l'air de ne pas vous voir et de compter mentalement jusqu'à mille en attendant que cela passe, jours plus fuligineux et plus légers que suie... je le sais, je le sais, je n'ai pas pu m'y faire encore.

Depuis vingt-quatre heures, je vis des bienfaits d'un gros crabe mangé avant-hier soir avec un peu de vinaigre, aussi frais que si j'avais été le requin. Me restent les deux ou trois mille yens qu'il me faut pour repasser le détroit de Tsugaru et rejoindre la Grande Ile. L'argent manquant, peut-être va-t-il s'animer un peu, ce voyage ! Toujours — sauf au bordel — on paie pour que rien n'arrive, pour ne pas dormir à la belle étoile, pour ne pas partager les récits, les délires et les puces d'un dortoir de dockers, pour poser ses fesses — je l'ai fait avant-hier par fatigue — sur le velours inutile d'un compartiment face à des usagers que l'éducation a rendus trop timides pour qu'ils osent ou qu'ils daignent vous adresser un mot.

Plus de velours ici. Ce train — une locomotive à cloche de bronze qui sème dans la nuit son paraphe de fumée nacrée, un seul wagon — est comme si les bûcherons d'ici l'avaient construit eux-mêmes en se remémorant les notions de manuels scolaires (inertie, friction, Pi = 3,14, compression des chaudières) qui sauvent les naufragés de *L'Ile mystérieuse*. Les linteaux mal rabotés des banquettes suent encore la résine et l'on peut craindre qu'à la faveur d'un aiguillage ce petit convoi sauvage ne retourne en hennissant dans la forêt dont il est issu...

Nouvel arrêt : une autre gare prise dans la grande banquise du sommeil bien avant Wakanaï, que je n'atteindrai plus cette nuit. Comme la salle d'attente est glaciale et qu'il n'y a aucun endroit où s'attabler dans ce lieu qui n'est que tourbe noire défoncée, ombelles géantes, amas de troncs équarris, tanières, corbeaux et phares isolés le long d'une mer toujours grise, je me suis installé derrière le guichet des billets sur le bureau du chef de gare qui, paraît-il, est allé manger chez sa mère. Le receveur qui lui est subordonné compte et recompte sur un boulier la recette de la journée en grignotant les noisettes dont il m'a offert la moitié. De temps en temps il s'interrompt pour fracasser à coups de talon une vieille caisse de whisky « Suntory » et bourrer un petit poêle de fonte. Entre ses additions, il m'apprend que sur la ligne de Wakanaï, les ours ont, depuis le début de l'année, tué trois veaux, un cheval, une écolière, et attaqué deux ouvriers agricoles qui les ont fait fuir à coups de fourches. La radio diffuse un match de base-ball à l'autre bout de l'archipel et qu'il n'écoute plus, étant maintenant aux prises avec une vieille en fichu venue plusieurs heures avant son train et qui semble n'avoir jamais pris de billet aller-retour. Elle s'inquiète, insiste, n'écoute rien des réponses qu'il lui fait. Qu'on soit ainsi assuré non seulement de partir mais aussi de revenir : elle n'y croira que lorsqu'elle l'aura vu (la plupart de ceux qui sont venus s'établir dans cette « île sans mémoire » ne l'ont pas fait de leur plein gré). C'est d'ailleurs un luxe assez récent, cette certitude. Autrefois, les pauvres gens ne s'en allaient que contraints, le cœur gros, chercher leur pitance ailleurs. Souvent ils devaient même s'endetter ou mendier pour partir, et compter en plus avec les Peaux-Rouges, les loups, les icebergs, les diligences qui s'emballent, la peste noire, Mandrin. D'où ce folklore déchirant des ports et des gares, qui entourait — entoure encore trop souvent — le moindre départ. Les familles muettes, les femmes qui baisent le sol du quai entre leurs valises ficelées pleines de pain et d'oignons, les visages défaits par les larmes, et les mouchoirs que des mains gercées agitent dans les escarbilles ou vers un mât que la mer ronde avale...

... Retour du chef de gare qui entre en polissant sa

lanterne. Il est stupéfait de trouver cet étranger installé à sa table couverte de grimoires étalés. Il hésite un instant entre la cordialité forcée et la circonspection, s'en veut presque aussitôt de cette hésitation que j'ai perçue et cherche un moyen de m'obliger. Il téléphone pour m'obtenir la météo qu'il me récite le doigt levé. *Ashta ga furi so desu,* il a plus hier, pleut aujourd'hui, *pleuvra demain.* Une dépression venue des Kouriles. Tant mieux ! La pluie dans ce pays fait de si peu, c'est toujours un petit quelque chose de plus. J'aime d'ailleurs beaucoup ces natures qui ne font pas de musique symphonique mais ne connaissent que quelques notes et les répètent inlassablement. Dans ce peu qui me ressemble je me sens chez moi, je m'y retrouve, j'ai enfin le sentiment de comprendre ce que l'on cherche à me dire. En outre, cette gare vient de m'en rappeler une autre dans le canton de Vaud (Suisse) où, à six ou sept ans, j'ai souvent somnolé, jambes ballantes et le nez dans mes moufles en attendant le train du lait. Enfin ! me direz-vous, ce ciel polaire et bas, cette mer étale, cette absence, ces corbeaux, pourquoi le canton de Vaud ? C'est la lumière de cette lampe opaline à contrepoids accrochée trop haut au-dessus de la table, la façon dont les paquets bruns fortement ficelés s'entassent derrière le guichet, le bruit de cette grosse pendule ronde dont les secondes sont larges comme le doigt, bref, de ces riens qui s'agencent et conspirent pour former un climat. Car ce n'est pas par l'identité des choses elles-mêmes, mais par les rapports qui s'établissent secrètement entre ces choses que des lieux qui n'auraient rien en commun entrent soudain en résonance dans une logique hallucinée et entièrement nouvelle...

Quatre hommes en bonnet de fourrure aux profils effacés par le vent viennent d'entrer dans la salle d'attente et lisent dans cette lumière de cassonade — c'est une éolienne qui fournit le courant — des manuels sur la réparation des treuils ou le sciage en long. C'est exactement ainsi que j'imaginais le « Nord » (traîneaux indigènes, pemmican) en lisant la description du Hokkaïdo dans le *Journal des Voyages*, année 1894, un fort volume vert bouteille aux pages tout effrangées prêté (il s'appelle « reviens ») par l'aiguilleur de la gare d'Allaman où j'attendais le train du lait. Boilles, halo des lampadaires, scarlatine, menues danseuses en tutu de l'automate à musique. Six ou sept ans...

... Le train de Wakanaï passera demain matin. Accoudé au guichet, le menton solidement calé dans les paumes, je suis parti pour le sommeil, comme un fétu, dans un déferlement de souvenirs où tout, même les ombres, devenait miséricordieusement minuscule.

## XXVI

## WAKANAÏ

POURQUOI nous parler si longtemps de ce Hokkaïdo où, vous l'avouez, il n'y a presque rien ?

— D'abord parce qu'on n'en parle jamais, ensuite parce que, pour digérer l'énorme repas japonais, il faut prendre du recul et se retirer, par exemple, dans cette île négligée, forte seulement de son brouillard, de ses chevaux, de ses prés verts et de son vide... mais ce vide, quel repos !

A Wakanaï la « densité historique » est plus que diluée.

*C'est la ville la plus septentrionale du Japon, d'où l'on distingue par beau temps les montagnes de Sakhaline. L'hiver, le port n'est pas pris dans les glaces à cause du courant chaud de Tsushima qui franchit le détroit de Soya.* (Guide officiel japonais, édition 1962.)

Un courant marin ; c'est tout ce qu'on trouve à mentionner en faveur de cette ville ! Sans compter que, sur une mer toujours grise, cette « attraction » se voit mal à l'œil nu. Ils auraient dû ajouter pour faire bon poids la station de la météo qui est constamment sur les ondes lorsqu'on suit anxieusement la route d'un typhon. En fait, elle est très bien cette ville ; et je vais compléter le *Guide*.

Quand j'y suis arrivé, elle était entièrement décorée d'ampoules de couleur et de grosses lanternes de papier pour le *Tanabata Matsuri*, la fête annuelle de Deux Étoiles, qu'on célèbre ici le 7 août. Les rues étaient noires d'écoliers en uniforme, les joues frottées comme des boutons de porte, et de gros chiens de traîneaux écrasés de chaleur qui tiraient la langue en regardant passer la fanfare, les scouts, les gymnastes et le Conseil municipal — tous en frac — sentant la morue.

Ne manquez pas la poste, dont le mur du fond est constellé de graffiti pleins d'invention et de verve que je regrette bien de ne pouvoir reproduire ici. Allez au port de pêche, et surtout au chantier qui s'étend derrière, où des centaines de corbeaux nichent dans des épaves aux couleurs rares et où une équipe de jeunes gaillards, la serviette nouée autour du front, démontent à la lampe à souder tout ce qui peut être sauvé. Quand j'y suis arrivé — vers midi — ils achevaient entre les hautes coques vermoulues une partie de base-ball. Ils m'ont apporté du *choshu* (alcool de patate) dans une cuvette qu'on faisait passer à la ronde et m'ont confié que, depuis un an, ils se constituaient une cagnotte dans l'idée de prendre un jour le Transsibérien et d'aller voir l'Europe. Tanabata Matsuri est un jour auspicieux pour concevoir des enfants mâles et, le soir de la fête, chaque mari est supposé faire l'amour à sa femme : c'est assez dire que les bars sont remplis de mal mariés qui reculent devant cette corvée ou boivent pour s'y encourager. J'ai attendu mon train du soir dans un restaurant chinois effectivement bondé de buveurs indécis. Tout ce monde très ivre et cordial, à l'exception du cuisinier cantonais qu'un accès de mal du pays rendait littéralement hagard. Comme je n'avais pas l'air américain, ils m'ont pris pour un Russe (ce manichéisme démodé a encore cours là-bas) et m'ont demandé ce que je pouvais bien venir chercher dans cette ville sans ancêtres ni cimetières. J'aime les cimetières japonais, mais j'aime aussi ces lieux déshérités où tout est encore possible, cette mer qui ne va plus nulle part, ces coques de chalutiers qu'on racle en sifflotant sous un soleil pâle, et surtout cette Trinité du Chien polaire, du Cheval et du Corbeau. Au mot « corbeau », le plus ivre de tous a renversé la moitié de sa bière et s'est mis à frapper la table avec le cul de son verre en chantant :

*Karasu*
*Karasu*
*Kansaburo*
*Oya no on*
*Wasurenaï yo*

*Corbeau*
*Corbeau*
*Kansaburo*
*ne t'avise pas d'oublier*
*ce que tu dois à tes parents*

Kyoto m'a marqué tout de même : à moins de passer pour un goujat, il fallait répondre quelque chose. J'ai sorti mon carnet, j'ai écrit :

*Chronique japonaise*

*Nord-Japon, été 1965*

*Depuis François-Xavier le Saint*
*tous les corbeaux du Hokkaïdo parlent latin*
*Un... deux.. trois*
*ils comptent les clous de la Croix*
*blasphèment abominablement*
*sur la mer qui n'a pas d'oreilles*

*Ville ? Planches, cabanes, perches à filets !*
*mais ce soir c'est plein de lanternes*
*de l'Extrême-Nord à l'Extrême-Sud*
*des écoliers en noir et des lampions huilés*
*Unité de l'empire !*

*Le porc dans ce bistrot a un fort goût de chien*
*le cuisinier chinois est trop loin de sa Chine*
*il retrouve un dragon dans chaque chou qu'il tranche*
*et boit son fond, les yeux ailleurs...*

*C'est hier qu'on a crevé les yeux du voyageur.*
Wakanaï, 1965

Mais le cheval, trop gros, refusait d'entrer dans le poème, et j'en suis resté là. Quand j'ai relevé le nez le ciel finissait de virer à la nuit et tout s'était bizarrement transformé. Par la porte entrouverte sur la cuisine, je pouvais voir une famille agenouillée autour d'une seille vider des holoturies avec des crochets. Ça faisait un bruit mou et glaireux qui soulevait le cœur. Mes voisins étaient entrés dans cette seconde ivresse où l'on oublie tout de la première et ceux qui le pouvaient encore me dévisageaient les yeux ronds : les autres dormaient la tête sur l'avant-bras et les manches des vestons pompaient l'alcool répandu sur la table. J'ai entendu siffler ma locomotive et j'ai pris le large sans demander mon reste. C'était le bout du pays et la fin de quelque chose.

Hokkaïdo veut dire « le Chemin de la mer du Nord ».

# XXVII

## LE CAHIER GRIS

*Tokyo, novembre 1965*

De temps en temps, par un sursaut de curiosité, j'achète une revue française qui me coûte deux repas pour voir tout de même où en est la littérature en langue d'oïl. La dernière fois, j'ai presque été payé de ma peine : je suis tombé sur un récit signé Gaston Chaissac, un autodidacte qui écrit comme le Douanier Rousseau peignait, avec plus de gaucherie et plus de vie encore. C'est le compte rendu d'un retour en train vers la Bretagne après son premier séjour à Paris. Paris lui a tant plu et l'a si bien éveillé que, pour un temps, tout ce qu'il voit le transperce : il décrit un par un les voyageurs qui passent dans son compartiment. Cette « Noce à Thomas » défile dans la lumière jaune du wagon et je m'amuse autant qu'il a dû s'amuser. C'est frais comme du cresson, pas apprêté du tout. Vous tombez par exemple sur une phrase comme celle-ci : *Elle était grosse. Son manteau de fourrure était entr'ouvert et son filet à pommes de terre qui lui pendait entre les jambes lui faisait comme de petites couilles de taureau.* Tout le récit me plaît et, dans l'idée d'écrire à monsieur Gaston Chaissac, je consulte la notice d'un style plus élaboré que la rédaction lui consacre.

Il est mort, évidemment.

Mort « déchiré » précise-t-on, poitrinaire, au rez-de-chaussée d'une école désaffectée, et dans la seule compagnie d'une femme qui lui cherchait sans cesse querelle. Point à la ligne. Et les éditeurs — au moins celui de cette revue — n'ignoraient pourtant ni sa misère, ni son amertume, ni l'existence de ces cahiers à couverture de toile qu'il remplissait de textes si curieux. Mais ils l'ont laissé cuire dans son sang comme le canard des gourmets, l'ont laissé fermenter tout seul dans sa tonne pour que le bouquet se corse. Une fois l'homme mort, le vin est fait. On achète la cuvée, on fait une « rétrospective » puisque Gaston Chaissac peignait aussi sur des ardoises et de vieux bouts de jute offerts par des gens pitoyables.

Tous les commerces sont bien pareils, mais je ne vais pas m'en plaindre car moi aussi je l'ai eu à bon marché, Gaston Chaissac, cinq ou six belles pages pour trois nouveaux francs cinquante, de nos jours c'est une affaire à emporter tout de suite.

Le reste de la revue n'était hélas pas du même tonneau. Un hors-d'œuvre poétique commençait par ces mots : *Le lieu ne laisse pas d'être banal. Il s'agit de l'angle d'un café singulièrement peuplé...* Un café où on ne « laisse pas » de se morfondre, je puis l'assurer, ayant lu attentivement jusqu'au bout. Et qu'est-ce que ce français ? Je sais que Valéry est un os qui se digère mal, mais tout de même. Un peu plus loin, dans la critique d'un poète hermétique, cette phrase : *Il suffit qu'une pensée regarde une page blanche et elle devient livre.* Première nouvelle ! Heureusement pour vous, les miennes n'ont pas tant de chance.

J'ai trouvé encore beaucoup de sucreries du même style. De l'Yves Saint Laurent littéraire dans un didot ou un garamond impeccablement coupé. Des bijoux qui ne font pas le demi-carat. Je sais bien que ces chroniqueurs et poètes de service sont surmenés, sont tant obligés de lire et d'avoir lu que depuis bien longtemps ils haïssent tous les livres. Je sais que la compétition est féroce, la vie chère, le boucher hargneux ; qu'il faut payer la vignette, le gaz, etc. Le gaz surtout : payez d'abord le gaz ! Vous tenez peut-être là le moyen de ne pas payer le reste. Pensez-y.

Mais c'est la dernière fois que j'achète une revue. Désormais, je ferai comme les étudiants japonais qui lisent debout dans les librairies, en rangs serrés, sous une lumière pourtant bien faite pour décourager cette pratique. Et rien ne les rebute, même Saint-Simon, en corps n° 7, est constellé de marques de pouce jusqu'au dernier volume.

### *Nakano-ku, décembre 1965*

Débarrassé du souci de finir, on travaille beaucoup plus vite. Les Chinois, qui ont fait tant de choses en s'amusant malgré leurs airs confits, n'étaient jamais pressés d'en venir à bout. S'il leur prenait fantaisie de tailler dans du jade une boule ajourée qui en contienne une autre, ils savaient bien qu'au besoin un fils ou un neveu pourrait terminer l'ouvrage. Ils s'attaquaient alors à d'autres besognes, élevaient des canards par exemple, mettaient les œufs dans des couffins de terre et allaient les vendre dans une autre province, apprenant le sanscrit en route, ou se commandant un cercueil là où il s'en fait de particulièrement colorés, et se noyant finalement dans une rivière en crue. Mais alors la boule de jade s'était terminée sans qu'ils s'en fussent aperçus, et beaucoup d'autres choses s'étaient faites d'elles-mêmes et dans le même mouvement : un traité de morale, ou une vingtaine de poèmes tracés sur-le-champ, au hasard de l'ombre, grâce à cette écritoire de bambou pendue négligemment à leur ceinture avec la tabatière et qui ne met pas l'écriture à part dans le solennel, mais dans le même sac que la fumée, où est sa véritable place.

Mais moi, j'ai une petite « chambre à écrire », une machine, et quelques livres qui possèdent à un degré menaçant les vertus dont je manque. Peut-être faudrait-il encore que je m'invente un uniforme pour me donner du cœur. Forcément, devant tout cet appareil, le sentiment de mon indignité m'écrase, et j'ai beau m'accrocher, souvent le soir tombe sans qu'il y ait rien de fait. En revanche, sur des billets de métro qu'on griffonne, sur de modestes menus à prétentions françaises en tête desquels on peut lire « Ce restaurant a l'air con » (c'est l'air conditionné) ou en courant derrière un tram qu'on rate, j'attrape des idées comme d'autres la vérole : sans trop de peine et surtout sans faire exprès. Celles-là seules m'intéressent mais trop souvent ces morceaux de papier se perdent dans la couture des poches, se prennent dans un canif qui les tranche, ou la transpiration fait couler l'encre et l'on ne peut plus lire — Dieu l'avait donné, Dieu l'a repris —, ou je m'en sers étourdiment pour laisser mon adresse à un étudiant que je ne reverrai jamais. Parfois tout de même, en vidant mes poches et mon portefeuille, je sauve quelque chose, et j'ai bien pu dans la journée interviewer un professeur illustre ou aller à travers cent quiproquos photographier dans une école des choses que je croyais curieuses et qui ne le sont pas (du quotidien, mais je l'ignorais), c'est là, dans ces quatre ou cinq lignes, qu'est mon seul bénéfice. Voilà le travail, et ce que je puis faire à côté — conférences propos hâtifs, articles pleins de chevilles et d'artifices — c'est seulement pour me donner un peu d'épaisseur, jeter un peu d'ombre portée, et n'avoir pas complètement disparu.

# XXVIII

## LE CAHIER GRIS

*Feuilles de route 1966-1970*

Il y a des bergères qui épousent le fils du roi, et il y a aussi des gens dont le karma était de vivre — et quoi qu'ils aient pu tenter avant — un torchon à la main. J'y pense en observant le patron de ce petit café « ouvert-la-nuit » sur la grand-route de Nagasaki. Son visage gris ressemble exactement à un torchon ou à un mouchoir qui aurait écrasé bien des larmes, connu bien des fonds de poche et des lessives. Il est plein d'une bonté chiffonnée. Je trouve aussi dans ses gestes les traces de cette hésitation continuelle que l'instruction vous donne, et cette distinction fourbue. Il vient d'une autre vie, c'est évident, et rien dans son enfance ne devait sentir le percolateur ni le gas-oil. Ses parents ou ses maîtres n'avaient jamais prévu qu'il finirait ici, passant le torchon sur ce petit comptoir en parlant d'une voix sourde. Peu importent les débuts, étudiant recalé ou instituteur resté en rade après une querelle avec le syndicat. L'essentiel c'est que ce torchon qu'il tient comme un sceptre était dans ses étoiles et que la vie les a désormais réunis. Il semble le savoir et s'en trouver très bien. Certain d'être à sa place, sorti de la mêlée des coudes et des épaules, il est tout au spectacle de son café et écoute ses clients avec une attention que, même dans l'amour, on rencontre rarement. Les gens ne sont pas accoutumés à ce qu'on leur prête autant d'existence, au bout de cinq minutes, les voilà déjà aux confidences. Lui, la tête penchée, il enregistre, opinant parfois du torchon ; et je me demande quels sentiments il collectionne ainsi, à quelle passion, à quelle maladie, à quelle insuffisance de l'âme il s'intéresse aussi fort ?

## *Ile de Shikoku, mai 1966*

A la vocation de saint authentique, Kobo Daïshi qu'on appelle familièrement Kyukaï joignait celle de magicien, d'herboriste, d'ingénieur des ponts et chaussées, de calligraphe, de rebouteux et d'éducateur du pauvre monde. C'est lui le créateur du premier syllabaire japonais (VIIIe siècle) et je l'imagine toujours allant coltiner son alphabet lettre par lettre comme du bois de charpente, l'épaule endolorie, jusqu'aux plus lointains villages de montagne, jusqu'à ces âmes candides qu'il rêvait de civiliser. Dans une large mesure on peut dire qu'il a réussi puisque le Japon, malgré son damné système d'écriture, est aujourd'hui un des pays les plus lettrés du monde.

Il y a quand même — je ne dirai pas où — quelques recoins qu'il a dû oublier et où l'on tombe sur des gens tellement rustiques qu'ils ressemblent — plutôt qu'à d'autres gens — à ces choses qu'ils font cuire ou pousser, à des radis noirs, à un navet, à un pain retiré du four. Ils ne parlent d'ailleurs presque pas. Il n'y a rien de dépréciatif dans cette constatation.

Celle qui me l'inspire, c'est cette servante d'auberge qui m'explique en ce moment d'où vient son poisson cru *(sashimi)*. Elle décolle légèrement ses énormes fesses de ses talons, étend les bras pour exprimer la notion de « grand » et rugit d'une voix rauque *okina sakana* (un grand poisson). Une bonite, donc. La dimension, le nom du genre animal, et l'on sent qu'à son propre frère elle ne pourrait en dire davantage. Elle n'est cependant ni carrément vilaine, ni sotte, ni malheureuse. Elle est plutôt ébauchée. Une ébauche de voix, un visage où les yeux, le nez, la bouche sont à peine esquissés, comme dans le dessin d'un enfant qu'on aurait fait gribouiller trop longtemps et qui aurait perdu tout intérêt à l'entreprise. Elle a des joues énormes et rouges, une touffe considérable de cheveux noirs frisés, et elle remâche ce mot *sakana* comme une bouchée qui passerait mal. La nature ne s'était pas mise en frais pour elle et lui avait fabriqué juste pour trois yens d'expression, à peine de quoi remplir un visage minuscule, mais elle a dû beaucoup manger, grandir plus que le Ciel ne l'avait prévu, et ce peu de physionomie qu'elle avait s'est totalement perdu en changeant d'échelle.

### *Kyushu, avril 1970*

Le Japon et surtout l'été japonais molletonnent un peu l'attention qu'on porte aux choses et rendent —

lorsqu'on a douze heures de train dans les reins — l'esprit camus comme les visages dont on est entouré. Parfois tout de même il y a de petits instants fraternels qui perceront. Et il faut commencer par les petits sans du tout penser aux grands.

A la station d'autobus d'Hataka, dans la pénombre matinale, derrière les carrosseries rose et pistache, il y avait ce comptoir d'un limonadier d'où montait ce matin-là une voix d'outre-tombe, plaintive, rogneuse, qui dominait souverainement le ronflement des moteurs, l'agitation des départs, la modeste panique qui s'affaire autour de paquets oubliés. C'était un récitatif de no que le limonadier insérait en cassette dans son enregistreur portable et qu'il écoutait, suivant la partition du doigt en attendant que quelqu'un soit pris par la soif. On imaginait les silhouettes voûtées et empesées des acteurs, la gaucherie calculée, presque narcotique, des gestes et des pas glissés dont ils accompagnent ces lents grommellements. Nulle part, jamais dans la vie réelle on ne timbre sa voix et on ne se meut comme au théâtre no. D'où la faculté qu'il a de vous transporter par une simple allusion sonore ou gestuelle dans un monde différent, un outre-monde. La marchande de sorbets voisine était venue s'accouder au comptoir et lisait par-dessus l'épaule de l'homme. Ils étaient tous deux transportés, absents. C'est dans la mesure où elle est spontanée et « plaisir de l'instant » que cette culture japonaise que nous cherchons à emmaillotter dans le discours ou l'explication est si impressionnante. On était ce matin-là bien loin des pamoisons érudites qui la tuent. La sirène du bateau pour Pusan a couvert un instant cette plainte monocorde. Et je suis donc reparti.

*Hakata, juin 1970*

# XXIX

## ADIEU

*Kyoto, avril 1966*

VOILÀ trois mois que je revis seul ici dans une maison où, contrairement aux prophéties de Kipling, l'Est rencontre l'Ouest.

Quand j'ai vu ce phalanstère, vastes chambres individuelles, bibliothèques, commodités de toutes sortes, bref un excellent hôtel pour le prix d'un garni, j'ai cru que les étudiants japonais, venus de leurs dortoirs, s'y plairaient. Détrompez-vous : ce que je considère comme une liberté « pour le mieux » leur apparaît à eux comme un manque de guidance, comme un champ mal déminé. Tous les matins, je vois dans l'escalier le programme affiché de leur prochain séminaire : *We mind the pressure of western style thinking* (nous renâclons contre l'emprise de la pensée occidentale), et je les comprends bien.

De temps en temps, je reçois une lettre d'Europe.

*Ton fils ne veut plus parler japonais, mais parfois il en rêve des phrases entières et se réveille parce qu'il ne les comprend plus. Il vient me demander : « Qu'est-ce que c'est,* ippaï *?* » (Tout plein ; un enfant dit ça quand il est rassasié.) *Il était très heureux des marionnettes que tu lui as envoyées, surtout le* kyutaro (un fantôme), *mais il n'a pas reconnu le* ninja. *Le pays s'estompe pour lui : je déteste l'idée que le temps efface tout si vite.*

Un instant mon petit : un ninja, c'est un malveillant acrobate aux yeux mobiles, caché jusqu'au nez dans une pèlerine noire, et que les seigneurs d'autrefois employaient comme messager, espion ou assassin, pour toutes ces besognes discrètes qu'ils ne pouvaient confier à leurs samouraïs. Un ninja saute deux fois sa hauteur, vaut les meilleurs à l'escrime au sabre, lance au visage de l'ennemi des étoiles d'acier tranchantes comme des rasoirs dont il remplit ses larges manches, et monte à la corde à nœuds plus vite qu'une araignée. Il se cache dans des placards où un agneau ne trouverait pas place et là, l'oreille collée, il surprend les moindres murmures et perce à jour les choses cachées pour les raconter à son maître.

Autrefois comme aujourd'hui, les gens de ce pays vivaient secrètement : alors il fallait qu'on espionne. C'était un bon métier en somme, et les ninjas allaient l'apprendre dans des écoles du Shiga-Ken (là où tu es tombé dans un étang, mais tu ne t'en souviens plus) et consacraient à leur diplôme d'espion plus d'années que tu n'as encore vécu. Il y a eu un *ninja boom* à la télévision, juste avant James Bond. Cela tu t'en souviens.

Quant à toi, Eliane, tu ajoutes : *Regarde bien Kyoto pour moi, j'en ai l'ennui.* Toi ? Toi qui t'y sentis si souvent étrangère, exilée et perdue. Etonnante alchimie du souvenir ! la même qui transforme nos morts en ombres inoffensives et chères. Maintenant que tout ce qui te pesait ici, que la légère odeur de deuil qui flotte parmi tant d'autres est tenue à distance, tu tires du vivier de ta mémoire les images qui te plaisent et tu les enlumines patiemment en levant parfois les yeux sur les prés verts d'Europe. Et c'est ainsi que les livres s'écrivent.

J'aurai moi aussi bientôt l'ennui de cette ville, parce qu'elle est unique, admirable... et que j'y ai vécu.

Mais maintenant j'y suis, comme un bouchon sur l'eau noire, devant un petit fond de gin, et je regarde : la ville est sombre et gluante de neige fondante, étendue dans cet hiver qui n'en finit pas, comme un grand animal à sang froid rejeté par la mer. Jamais, même à ses pires moments de mars, elle ne m'a paru si triste : une immense école pleine d'élèves soumis et vannés, pleine d'ombres, pleine de choses sues qui n'apportent rien, importent peu, et qu'il faudra de toute façon oublier pour revivre. Des crânes jaunes et prudents et savants, et ma tête à moi enflée et dolente de leçons mal comprises.

Ce matin, un ami m'a tiré ceci de la Bible de Jérusalem :

*Alors il se fit un violent tremblement de terre et le soleil se fit aussi noir qu'un sac de crin, et la lune devint tout entière comme du sang, et les astres du Ciel s'abattirent sur la terre comme les figues avortées que projette un figuier tordu par la bourrasque et le ciel disparut comme un livre qu'on roule...*

Autrefois cette ville était pleine de soie, de sang, de chimères domestiquées pour le divertissement des dames de Cour, de peintres qui attendaient, le pinceau levé, que la lumière ou le vent révèle la forme ultime des choses, de hantise, d'insomnies et des textes sacrés qu'on lançait comme des renforts au cœur de la bagarre, et de vrais bons moments arrachés à la mort. Aujourd'hui, on a roulé le ciel et déroulé le tableau noir. Au lieu d'être une racine, la tradition est un couvercle, et qui ferme bien. Je vis dans une grande collection de merveilles qu'un respect empoisonné a tuées. Pas loin d'ici, dans la secte de Tenri, on prépare chaque soir les repas et le bain d'une fondatrice morte voilà soixante ans. Il y a de ça à Kyoto et, sous ces traînées de neige fondante, cette espèce de mascarade funèbre m'apparaît plus clairement que jamais. Même les petits Bouddhas de carrefour, d'ordinaire si complices et bienveillants, ont ce soir la gueule en biais et l'air de courber la tête sous un fardeau d'impostures et d'obligations. Mais je m'emballe : je parle comme un contestataire de Kyodaï (l'université impériale de Kyoto). Me voilà bien Japonais !... J'ai aussi saisi ce matin, et pour la première fois, un aspect de la ville qui m'intéresse et qui me touche : elle évoque le vieux monde juif érudit de l'Europe du XIXe siècle, rappelle l'académisme judéo-goethéen des éditeurs et libraires de Leipzig : lunettes basses sur le nez, interminables délais pour les petites choses qui sont — on le sait — la mère des grandes, un parler suave, l'humour enfoui et sentencieux, une très grande mémoire collectionneuse et douillette ; et derrière ces retranchements, certificats et barbacanes, une liberté cristalline, une leçon de tout et de rien que j'ai très mal reçue. Il est temps que je reprenne mon sac pour aller vivre ailleurs.

# Table

*Achevé d'imprimer en mai 1989*
*sur presse CAMERON*
*dans les ateliers de la S.E.P.C.*
*à Saint-Amand-Montrond (Cher)*

*ISBN 2-228-88198-8*

— N° d'impression : 977. —
Dépôt légal : mai 1989.

*Imprimé en France*